॥ सौन्दर्यलहरी ॥

(पदच्छेद , अन्वय , हिन्दी–मराठी भावार्थ सहित)

डॉ. सचिन द्विवेदी

डॉ. श्रीवरदा मालगे

TANEESHA
PUBLISHING

ISBN : 9788169244343
Edition : First, March 2026
Title : Saundaryalahri
Author : Dr. Sachin Dwivedi, Dr. Shrivarda Malge

Published by

TANEESHA PUBLISHING

An Imprint of **Taneesha and Prachi NextGen Publication**

Registered Address: Plot No. 48, Khasra No. 646, Road No. 2,
Suman Nagar, Bahadarabad, Haridwar, Uttarakhand – 249402, India
Website : www.samantpublishing.com
E-mail : support@tpnextpub.com
Phone : +91 9760418103

Printed by :
Manipal Technologies Limited, Bengaluru - 560001, Karnataka

समर्पण

हम इस पुस्तक को श्रद्धापूर्वक जगद्गुरु आदि शंकराचार्य और दिव्य शक्ति माँ भगवती के चरणों में समर्पित करते हैं, जिनकी कृपा और ज्ञान से साधक आत्मबोध के मार्ग पर अग्रसर होते हैं।

लेखक परिचय

डॉ. सचिन द्विवेदी वर्तमान में कविकुलगुरु कालिदास संस्कृत विश्वविद्यालय, रामटेक (नागपुर) के योग एवं समग्र स्वास्थ्य विभाग में सहायक प्राध्यापक तथा विभागाध्यक्ष के रूप में कार्यरत हैं। अद्वैत वेदान्त के क्षेत्र में वे एक प्रतिष्ठित एवं गहन अध्ययनशील विद्वान के रूप में जाने जाते हैं। भारतीय दर्शन, वेदान्त तथा योग परंपरा के गंभीर अध्ययन और अध्यापन के लिए उनकी विशेष पहचान है।

उन्होंने कर्नाटक संस्कृत विश्वविद्यालय, बेंगलुरु से अद्वैत वेदान्त विषय में पीएच.डी. की उपाधि प्राप्त की है। उनके शोधकार्य का विषय पाँच योगोपनिषदों का अद्वैत वेदान्त के दृष्टिकोण से दार्शनिक अध्ययन रहा है। इस शोध के माध्यम से उन्होंने योग और वेदान्त—भारतीय ज्ञानपरंपरा की दो महत्वपूर्ण धाराओं—के बीच निहित तात्त्विक संबंधों का गहन विश्लेषण प्रस्तुत किया है। इसके अतिरिक्त उन्होंने यूजीसी–नेट परीक्षा वर्ष 2019 और 2020 में उत्तीर्ण की है।

डॉ. द्विवेदी की शिक्षा पारंपरिक गुरुकुलीय संस्कारों और आधुनिक शैक्षणिक पद्धति के समन्वय से विकसित हुई है। अद्वैत वेदान्त विषय में आचार्य (एम.ए.) की उपाधि प्राप्त करते समय उन्होंने द्वितीय स्थान प्राप्त किया। उनका शैक्षणिक जीवन शास्त्रीय परंपरा, ऋषियों के चिंतन तथा भारतीय दार्शनिक ज्ञान की गहन साधना के प्रति समर्पित रहा है। भारतीय दर्शन

की आध्यात्मिक और बौद्धिक परंपरा के अध्ययन एवं प्रसार को उन्होंने अपने जीवन का प्रमुख उद्देश्य बनाया है।

शिक्षण क्षेत्र में डॉ. द्विवेदी का अनुभव अत्यंत समृद्ध और व्यापक है। उन्होंने श्री सत्य साई विश्वविद्यालय (कर्नाटक), रामकृष्ण मिशन विवेकानन्द विश्वविद्यालय, बेलूर तथा वेद विज्ञान गुरुकुलम्, बेंगलुरु जैसे प्रतिष्ठित संस्थानों में अध्यापन कार्य किया है। इन संस्थानों में कार्य करते हुए उन्होंने विद्यार्थियों में शास्त्राध्ययन के प्रति रुचि जागृत की तथा वेदान्त, योग और संस्कृत साहित्य के अध्ययन के प्रति प्रेरणा प्रदान की।

डॉ. द्विवेदी एक सक्रिय, चिंतनशील और सृजनात्मक शोधकर्ता भी हैं। उनके 18 से अधिक शोधपत्र प्रतिष्ठित सहकर्मी-समीक्षित (Peer-Reviewed) शोध पत्रिकाओं में प्रकाशित हो चुके हैं। उनके लेखन में भारतीय दर्शन, वेदान्त चिंतन, योग परंपरा तथा शास्त्रीय ग्रंथों के दार्शनिक विश्लेषण की गहनता स्पष्ट दिखाई देती है। उन्होंने "वेदान्त प्रवेश" और "वेदान्ते विधि विचार" जैसे महत्वपूर्ण ग्रंथों का लेखन किया है, जो वेदान्त के विद्यार्थियों और शोधार्थियों के लिए अत्यंत उपयोगी माने जाते हैं। इसके अतिरिक्त वे "शास्त्र प्रज्ञा" नामक शोध पत्रिका के संपादक के रूप में भी कार्य कर रहे हैं और शास्त्रीय अनुसंधान को प्रोत्साहित कर रहे हैं।

शैक्षणिक गतिविधियों में उनकी सक्रिय भागीदारी विशेष रूप से उल्लेखनीय है। उन्होंने 15 से अधिक राष्ट्रीय और अंतरराष्ट्रीय संगोष्ठियों, कार्यशालाओं तथा शैक्षणिक सम्मेलनों में अपने शोधपत्र प्रस्तुत किए हैं। इसके अतिरिक्त वे विभिन्न विश्वविद्यालयों के Board of Studies के सदस्य के रूप में भी कार्य करते हुए पाठ्यक्रम निर्माण, शैक्षणिक योजना और शोध विकास में महत्वपूर्ण योगदान दे रहे हैं।

संस्कृत, वेदान्त, योग और भारतीय दर्शन उनके प्रमुख अध्ययन तथा अध्यापन के क्षेत्र हैं। परंपरागत शास्त्रज्ञान और आधुनिक शैक्षणिक दृष्टिकोण के समन्वय के माध्यम से वे विद्यार्थियों को गहन और सार्थक ज्ञान प्रदान करने का सतत प्रयास करते हैं। उन्हें संस्कृत, हिंदी, अंग्रेज़ी और कन्नड़ भाषाओं का उत्कृष्ट ज्ञान है तथा वे विभिन्न शैक्षणिक मंचों पर प्रभावशाली ढंग से अपने विचार प्रस्तुत करते हैं।

भारतीय ज्ञानपरंपरा के संवर्धन, वेदान्त दर्शन के सरल और तार्किक प्रस्तुतीकरण तथा योग और अध्यात्म के शास्त्रीय अध्ययन के माध्यम से समाज में बौद्धिक और सांस्कृतिक चेतना जागृत करने की दिशा में उनका कार्य निरंतर प्रेरणादायी सिद्ध हो रहा है।

लेखक परिचय

डॉ. श्रीवरदा मालगे कविकुलगुरु कालिदास संस्कृत विश्वविद्यालय, रामटेक के दूरस्थ तथा ऑनलाइन शिक्षण केंद्र में सहायक प्राध्यापक के रूप में कार्यरत हैं। संस्कृत भाषा, भारतीय ज्ञानपरंपरा और शिक्षा के क्षेत्र में उनका योगदान अत्यंत महत्वपूर्ण और प्रेरणादायक माना जाता है।

डॉ. श्रीवरदा मालगे ने संस्कृत विषय में पीएच.डी. की उपाधि प्राप्त की है तथा वे यूजीसी–नेट (संस्कृत) परीक्षा उत्तीर्ण हैं। उन्होंने कविकुलगुरु कालिदास संस्कृत विश्वविद्यालय से एम.ए. (संस्कृत) की उपाधि विश्वविद्यालय की स्वर्ण पदक विजेता के रूप में प्राप्त की, जिसमें उन्हें कुल आठ स्वर्ण पदक प्राप्त हुए। इसके अतिरिक्त उन्होंने राष्ट्रसंत तुकडोजी महाराज नागपुर विश्वविद्यालय से सूक्ष्मजीव विज्ञान में एम.एससी. तथा बी.एससी. (सूक्ष्मजीव विज्ञान, जैव प्रौद्योगिकी और रसायन विज्ञान) की उपाधि प्राप्त की है। बी.एससी. के दौरान वे अपने महाविद्यालय की प्रथम स्थान प्राप्त करने वाली छात्रा रहीं।

उन्हें संस्कृत विषय का अध्यापन संस्कृत, मराठी, हिंदी और अंग्रेज़ी—इन चारों माध्यमों में करने का व्यापक अनुभव है। बालकों, युवाओं तथा प्रौढ़ विद्यार्थियों को शिक्षण देने का उन्हें विशेष अनुभव प्राप्त है। भारत के साथ-साथ जर्मनी, अमेरिका और कनाडा जैसे

देशों के विद्यार्थियों को भी उन्होंने संस्कृत का अध्यापन कराया है, जिससे अंतरराष्ट्रीय स्तर पर संस्कृत भाषा के प्रसार में उनका महत्वपूर्ण योगदान रहा है।

विश्वविद्यालय में वे विभिन्न प्रशासनिक तथा शैक्षणिक दायित्वों का भी सफलतापूर्वक निर्वहन कर रही हैं। वे परीक्षा प्रभारी के रूप में कार्य कर चुकी हैं तथा ऑफिस फॉर इंटरनैशनल अफेयर्स की समन्वयक के रूप में भी अपनी सेवाएँ दे चुकी हैं। इसके अतिरिक्त अध्ययन मंडल (Board of Studies) की सदस्य के रूप में वे पाठ्यक्रम निर्माण, शैक्षणिक रूपरेखा तथा अकादमिक संरचना के विकास में सक्रिय भूमिका निभा रही हैं।

उनके उत्कृष्ट शैक्षणिक कार्यों के लिए उन्हें पाणिनीय पुरस्कार, बाबासाहेब आप्टे पुरस्कार तथा Young Budding Teacher पुरस्कार से सम्मानित किया जा चुका है।

शैक्षणिक गतिविधियों के साथ-साथ सामाजिक और सांस्कृतिक क्षेत्रों में भी उनकी सक्रिय भागीदारी उल्लेखनीय है। वे संस्कृत भारती की सक्रिय सदस्य हैं तथा अनेक संस्कृत संभाषण शिविरों का आयोजन और संचालन करती हैं। बालकेंद्रम् तथा विभिन्न संस्कृत कक्षाओं के माध्यम से वे संस्कृत भाषा के प्रचार-प्रसार में निरंतर योगदान दे रही हैं। इसके अतिरिक्त वे ग्रामीण क्षेत्रों में विज्ञान शिक्षा के प्रसार तथा पर्यावरण जागरूकता के लिए भी सक्रिय रूप से कार्य कर रही हैं। विद्यालयों और महाविद्यालयों में पर्यावरण विषय पर व्याख्यान देना तथा ग्रीन ऑडिट टीम की सदस्य के रूप में कार्य करना उनकी सामाजिक प्रतिबद्धता का महत्वपूर्ण भाग है।

लेखन और संपादन के क्षेत्र में भी उनका योगदान उल्लेखनीय है। दूरस्थ तथा ऑनलाइन शिक्षण केंद्र की पाठ्यसामग्री में उन्होंने सह-संपादक के रूप में कार्य किया है तथा पर्यावरण विधि और पर्यावरण अध्ययन जैसे विषयों पर अध्याय लेखन भी किया है।

संस्कृत भाषा, भारतीय परंपरा और आधुनिक शिक्षा के बीच एक सशक्त सेतु स्थापित करने की दिशा में उनका कार्य निरंतर प्रेरणादायी और मार्गदर्शक सिद्ध हो रहा है।

सौन्दर्यलहरी का परिचय एवं महत्व

सौन्दर्यलहरी भारतीय काव्य-परम्परा में अद्वितीय स्थान रखने वाला संस्कृत स्तोत्र-साहित्य का अनुपम उदाहरण है। इसके रचनाकार आदि शंकराचार्य (आदि शङ्करभगवत्पाद) माने जाते हैं, जो अद्वैत वेदान्त के अप्रतिम आचार्य और धर्म-संस्कृति के महान पुनरुत्थानकर्ता थे। सौन्दर्यलहरी उनकी भक्तिसाधना एवं तन्त्र-संस्कार दोनों का सुंदर संगम है। "सौन्दर्य" का अर्थ है रूप-लावण्य, दिव्य शोभा या आन्तरिक तथा बाह्य सौन्दर्य। "लहरी" का अर्थ है तरंग या प्रवाह। इस प्रकार सौन्दर्यलहरी का शाब्दिक अर्थ है "सौन्दर्य की तरंग" या "माँ भगवती के दिव्य सौन्दर्य का निरन्तर प्रवाह"। यह ग्रन्थ न केवल देवी के रूप-सौन्दर्य का वर्णन करता है, बल्कि उनके महिमा, शक्ति एवं करुणा का भी भावपूर्ण चित्रण करता है। इसमें भक्ति, तन्त्र, योग और अद्वैत का अद्भुत सम्मिलन है।

सौन्दर्यलहरी की रचना को लेकर विभिन्न पौराणिक एवं लोककथाएँ प्रचलित हैं। एक प्रसिद्ध कथा के अनुसार, शंकराचार्य कैलास-गमन के समय भगवान शंकर से मिले। वहाँ भगवान शंकर ने उन्हें एक अद्भुत ग्रन्थ — आनन्दलहरी — प्रदान किया, जिसमें देवी के आनन्दस्वरूप का वर्णन था। किंतु जब वे कैलास से उतर रहे थे, हिमालय में नन्दिकेश्वर ने उनसे यह ग्रन्थ छीन लिया, और केवल ४१ श्लोक ही शंकराचार्य के हाथ में रह गए। इसके पश्चात उन्होंने स्वयं ५९ श्लोक और रचकर सम्पूर्ण ग्रन्थ को १०० श्लोकों का रूप दिया। इस प्रकार प्रथम ४१ श्लोक आनन्दलहरी कहलाए, और शेष ५९ श्लोक सौन्दर्यलहरी। दोनों को मिलाकर ही आज "सौन्दर्यलहरी" नाम से जाना जाता है। ऐतिहासिक दृष्टि से यह रचना लगभग ८वीं–९वीं शताब्दी में दक्षिण भारत में सम्पन्न मानी जाती है।

इस ग्रन्थ में कुल १०० श्लोक हैं —

- **प्रथम ४१ श्लोक** (आनन्दलहरी) : तन्त्र, मन्त्र, यन्त्र एवं ध्यान-योग का दार्शनिक निरूपण। देवी के चैतन्यमयी स्वरूप, शक्ति-तत्त्व और साधक के कल्याण की विधियों का वर्णन।
- **अन्तिम ५९ श्लोक** (सौन्दर्यलहरी) : देवी पार्वती के अद्वितीय रूप-सौन्दर्य, अलंकार, भाव-भक्ति एवं कृपा का काव्यात्मक चित्रण।

आनन्दलहरी और सौन्दर्यलहरी वस्तुतः एक ही ग्रन्थ के दो भाग हैं, परन्तु उनके विषय-

वस्तु और साधनात्मक दृष्टिकोण में स्पष्ट भेद है। आनन्दलहरी (प्रथम ४१ श्लोक) मुख्यतः तन्त्र, योग और कुण्डलिनी-साधना पर केन्द्रित है, जिसमें देवी के चैतन्यमयी शक्ति-स्वरूप, षट्चक्र, मन्त्र, यन्त्र और ध्यान-विधान का निरूपण है। यह भाग साधक को आन्तरिक साधना और आत्मानुभूति की ओर ले जाता है। इसके विपरीत सौन्दर्यलहरी (अन्तिम ५९ श्लोक) में देवी के सगुण, सौन्दर्यमय, अलंकार-युक्त रूप-वर्णन और भक्ति-रस की प्रधानता है, जहाँ अलंकार, उपमा और रूपक के माध्यम से भगवती के मुखचन्द्र, नेत्र, चरणकमल आदि का कोमल काव्यमय चित्रण किया गया है। इस प्रकार आनन्दलहरी साधनापरक तत्त्वज्ञान का भाग है, जबकि सौन्दर्यलहरी भक्तिपरक स्तुति-काव्य का। यह ग्रन्थ स्तोत्र साहित्य का अनुपम नमूना है, जिसमें भक्ति-रस, शृङ्गार-रस, करुणा-रस और अद्वैत-बोध सहज रूप से समाहित हैं। सौन्दर्यलहरी केवल काव्य नहीं है, बल्कि यह अद्वैत-तत्त्व और शक्ति-तत्त्व का अद्भुत समन्वय है।

- **अद्वैत वेदान्त** : सौन्दर्यलहरी में अद्वैत वेदान्त का मूल सिद्धान्त — ब्रह्म और शक्ति का अभेद — अत्यन्त स्पष्ट रूप से प्रतिपादित है। प्रथम श्लोक में ही शंकराचार्य कहते हैं कि शिव बिना शक्ति के अक्रिय हैं और शक्ति शिव से अभिन्न है; दोनों मिलकर ही सृष्टि, स्थिति और लय का कार्य करते हैं। यहाँ शिव चैतन्यरूप ब्रह्म हैं और शक्ति उनकी मायाशक्ति या स्वरूप-प्रकाशिनी चेतना है। साधक को यह बोध कराया गया है कि यह सम्पूर्ण जगत् शिव-शक्ति की अद्वैत सत्ता का ही प्रकाश है, जीव और ब्रह्म में कोई भेद नहीं है, केवल अविद्या के कारण भिन्नता प्रतीत होती है। देवी की आराधना वस्तुतः उसी ब्रह्मस्वरूप चैतन्य की आराधना है, जो सगुण-निर्गुण, साकार-निराकार सभी रूपों से परे एकरस है। इस प्रकार सौन्दर्यलहरी अद्वैत वेदान्त के तत्त्व को भक्ति और साधना के माध्यम से सुलभ बनाती है। **शक्ति-तत्त्व** : सम्पूर्ण सृष्टि शक्ति से उत्पन्न, संचालित और लीन होती है। देवी की कृपा से ही आत्मज्ञान सम्भव है।

- **योग तत्व**: सौन्दर्यलहरी में योग-तत्त्व विशेष रूप से प्रथम ४१ श्लोकों (आनन्दलहरी) में प्राकट होता है, जहाँ साधक की आन्तरिक साधना की क्रमिक प्रक्रिया वर्णित है। इसमें कुण्डलिनी-योग का विधान है — मूलाधार में स्थित सर्पाकार कुण्डलिनी-शक्ति का जागरण, प्राण-शक्ति के द्वारा उसे षट्चक्रों से आरोहित करना, आज्ञा चक्र से सहस्रार-पद्म तक पहुँचाना और वहाँ शिव-शक्ति के मिलन का अनुभव करना। यह क्रम प्राणायाम, ध्यान, मन्त्रजप, यन्त्राराधना और धारणा जैसे योग-अङ्गों से सम्पन्न होता है।

शंकराचार्य ने स्पष्ट किया है कि जब कुण्डलिनी सहस्रार में शिव से एकीकृत होती है, तब साधक परम आनन्द और मोक्ष का अनुभव करता है। इस प्रकार सौन्दर्यलहरी योग को केवल आसन-प्राणायाम तक सीमित न रखकर, उसे तत्त्वज्ञान और भक्ति के साथ जोड़े हुए सम्पूर्ण आध्यात्मिक मार्ग के रूप में प्रस्तुत करती है। यह ग्रन्थ साधक को बाह्य पूजा से आन्तरिक साधना और अन्ततः ब्रह्मानुभूति की ओर ले जाता है। इस ग्रन्थ में देवी के प्रति अखण्ड श्रद्धा, प्रेम और समर्पण की भावना प्रकट होती है। इसमें दो प्रकार की उपासना का वर्णन है —

1. **सगुण भक्ति** : सौन्दर्यलहरी में सगुण भक्ति का रूप अत्यन्त सजीव और भावपूर्ण है। यहाँ भगवती त्रिपुरसुन्दरी का साकार, सौन्दर्यमय, अलंकार-युक्त रूप-चित्रण मिलता है — उनके मुखचन्द्र, नयन, अधर, कण्ठ, स्तन, नाभि, चरणकमल आदि का वर्णन ऐसा है मानो साधक उनके सम्मुख ही स्थित हो। शंकराचार्य ने देवी को चतुर्भुजा, शारदामुखी, रत्नमण्डित, दिव्यविभूषणधारिणी रूप में चित्रित किया है। इस सगुण भक्ति में उपमा, रूपक, अनुप्रास आदि अलंकारों के माध्यम से देवी के रूप, आभूषण, आसन और विग्रह के प्रति गहन प्रेम प्रकट किया गया है। साधक इन श्लोकों का पाठ कर मानो प्रत्यक्ष दर्शन कर लेता है और भावसमाधि में लीन हो जाता है।

2. **निर्गुण भक्ति** : यद्यपि सौन्दर्यलहरी मुख्यतः देवी के रूप-सौन्दर्य का स्तवन है, फिर भी इसमें निर्गुण भक्ति का तत्व भी गहराई से निहित है। यहाँ देवी को शिव की अभिन्न चैतन्यमयी शक्ति, ब्रह्मस्वरूपा, विश्वोत्पत्ति-स्थिति-लय की कारणस्वरूपा और सर्वव्यापिनी चेतना के रूप में निरूपित किया गया है। प्रथम भाग (आनन्दलहरी) में कुण्डलिनी, षट्चक्र, सहस्रार, मन्त्र और ध्यान की चर्चा साधक को अन्तःस्थित ब्रह्मचैतन्य की ओर ले जाती है। यह भक्ति रूप-स्मरण से परे, अनन्त सत्ता के साथ आत्मैक्य का अनुभव है। इसमें साधक देवी को निर्गुण-निराकार ब्रह्मरूप मानकर ध्यान करता है, जिससे मोक्ष की प्राप्ति होती है। इस प्रकार सौन्दर्यलहरी में सगुण और निर्गुण भक्ति का अद्भुत संगम मिलता है।

8. सौन्दर्यलहरी में तन्त्र-तत्त्व

- सौन्दर्यलहरी का प्रथम भाग, जिसे आनन्दलहरी कहा जाता है, तन्त्र-तत्त्व का अत्यन्त गूढ़ निरूपण करता है। इसमें षट्चक्र-तत्त्व (मूलाधार, स्वाधिष्ठान, मणिपूर, अनाहत, विशुद्धि, आज्ञा), कुण्डलिनी-शक्ति का जागरण, सहस्रार-पद्म की अनुभूति, मन्त्र-जप,

बीजाक्षरों की शक्ति, तथा श्रीचक्र-यन्त्र की आराधना के विस्तृत निर्देश दिए गए हैं। यहाँ तन्त्र को केवल लौकिक चमत्कार का साधन न मानकर, आत्मोन्नति और ब्रह्मानुभूति का विज्ञान बताया गया है। शंकराचार्य ने देवी को शिव की अभिन्न शक्ति मानते हुए यह प्रतिपादित किया है कि साधक, तन्त्र-साधना के माध्यम से आन्तरिक चैतन्य-जागरण कर सकता है। इस साधना में बाह्य पूजा, यन्त्र-न्यास, ध्यान, तथा अन्ततः निराकार ब्रह्म की अनुभूति — इन सबका क्रमिक समन्वय है, जिससे तन्त्र शुद्ध आध्यात्मिक मार्ग का रूप ले लेता है। यहाँ तन्त्र किसी तामसिक साधना का नाम नहीं, बल्कि आध्यात्मिक उन्नयन का वैज्ञानिक मार्ग है।

भारतीय कला, संगीत और नृत्य पर भी इसका गहरा प्रभाव पड़ा है। मंदिरों में देवी की मूर्ति-रचना में सौन्दर्यलहरी के वर्णनों का अनुकरण मिलता है। आज भी यह ग्रन्थ साधकों के लिए मन्त्र-साधना का आधार है। कश्मीर से कन्याकुमारी तक देवी-भक्त इसे अपने जप, ध्यान और पूजन में प्रयोग करते हैं। संस्कृत साहित्य, दर्शन और तन्त्र के विद्यार्थी के लिए यह ग्रन्थ अनिवार्य अध्ययन सामग्री है। सौन्दर्यलहरी केवल देवी-स्तुति नहीं, बल्कि यह सम्पूर्ण आध्यात्मिक जीवन का मार्गदर्शक ग्रन्थ है। इसमें भक्ति, ज्ञान, तन्त्र, योग और अद्वैत — सबका समन्वय है। यह साधक के हृदय में भक्ति-रस भर देता है और उसे मोक्ष के मार्ग पर अग्रसर करता है।

सौन्दर्यलहरी : परिचय व महत्त्व

सौन्दर्यलहरी ही भारतीय काव्यपरंपरेतील संस्कृत स्तोत्रसाहित्याचा एक अद्वितीय व अनुपम ग्रंथ आहे. या ग्रंथाचे रचनाकार आदि शंकराचार्य (आदि शंकरभगवत्पाद) मानले जातात. ते अद्वैत वेदांताचे अप्रतिम आचार्य आणि भारतीय धर्म-संस्कृतीचे महान पुनरुज्जीवक होते. सौन्दर्यलहरीमध्ये त्यांच्या भक्तिसाधनेचा आणि तंत्रपरंपरेतील संस्कारांचा सुंदर संगम दिसून येतो. 'सौन्दर्य' म्हणजे रूपलावण्य, दिव्य शोभा तसेच अंतर्गत व बाह्य सौंदर्य, तर 'लहरी' म्हणजे तरंग किंवा प्रवाह. त्यामुळे 'सौन्दर्यलहरी'चा शब्दशः अर्थ — *सौंदर्याची तरंग* किंवा *माता भगवतीच्या दिव्य सौंदर्याचा अखंड प्रवाह* — असा होतो. हा ग्रंथ केवळ देवीच्या रूपसौंदर्याचे वर्णन करत नाही, तर तिची महिमा, शक्ती आणि करुणा यांचेही भावपूर्ण चित्रण करतो. यामध्ये भक्ती, तंत्र, योग आणि अद्वैत यांचा अद्भुत समन्वय आढळतो.

सौन्दर्यलहरीच्या रचनेविषयी अनेक पौराणिक व लोककथा प्रचलित आहेत. एका प्रसिद्ध कथेनुसार, शंकराचार्य कैलासाला जात असता भगवान शंकरांना भेटले. तेथे भगवान शंकरांनी त्यांना 'आनन्दलहरी' नावाचा एक अद्भुत ग्रंथ दिला, ज्यामध्ये देवीच्या आनंदस्वरूपाचे वर्णन होते. परंतु कैलासावरून परत येताना हिमालयात नंदीकेश्वराने तो ग्रंथ त्यांच्याकडून काढून घेतला आणि केवळ ४१ श्लोक शंकराचार्यांकडे उरले. त्यानंतर त्यांनी स्वतः आणखी ५९ श्लोक रचून संपूर्ण ग्रंथ १०० श्लोकांचा केला. त्यामुळे पहिले ४१ श्लोक 'आनन्दलहरी' आणि उरलेले ५९ श्लोक 'सौन्दर्यलहरी' म्हणून ओळखले जातात. दोन्ही मिळून आज हा ग्रंथ 'सौन्दर्यलहरी' या नावाने प्रसिद्ध आहे. ऐतिहासिक दृष्ट्या ही रचना इ.स. ८व्या–९व्या शतकाच्या सुमारास दक्षिण भारतात झाली असे मानले जाते। या ग्रंथात एकूण १०० श्लोक आहेत—

- **पहिले ४१ श्लोक (आनन्दलहरी)** : तंत्र, मंत्र, यंत्र आणि ध्यान-योग यांचे दार्शनिक विवेचन. देवीच्या चैतन्यमय स्वरूपाचे, शक्तितत्त्वाचे आणि साधकाच्या कल्याणाच्या साधनांचे वर्णन.
- **शेवटचे ५९ श्लोक (सौन्दर्यलहरी)** : देवी पार्वतीच्या अद्वितीय रूपसौंदर्याचे, अलंकारांचे, भक्तिभावाचे आणि कृपेचे काव्यमय चित्रण।

आनन्दलहरी आणि सौन्दर्यलहरी हे प्रत्यक्षात एकाच ग्रंथाचे दोन भाग असले, तरी त्यांच्या विषयवस्तू व साधनात्मक दृष्टीकोनात स्पष्ट फरक आहे. आनन्दलहरी (पहिले ४१ श्लोक) प्रामुख्याने तंत्र, योग आणि कुण्डलिनी-साधनेवर केंद्रित आहे. यात देवीच्या चैतन्यमय शक्तिस्वरूपाचे, षट्चक्रांचे, मंत्र-यंत्रांचे आणि ध्यानविधीचे विवेचन आहे. हा भाग साधकाला अंतर्मुख साधना व आत्मानुभूतीकडे नेतो. याच्या विपरीत, सौन्दर्यलहरी (शेवटचे ५९ श्लोक) मध्ये देवीच्या सगुण, सौंदर्यमय, अलंकारयुक्त स्वरूपाचे आणि भक्तिरसाचे प्रधानत्व आहे. उपमा, रूपक आणि अलंकारांच्या माध्यमातून देवीचा मुखचंद्र, नेत्र, चरणकमल इत्यादींचे कोमल काव्यमय वर्णन येथे आढळते. त्यामुळे आनन्दलहरी हा साधनापर तत्त्वज्ञानाचा भाग आहे, तर सौन्दर्यलहरी ही भक्तिपर स्तुतीकाव्याची अभिव्यक्ती आहे. या ग्रंथात भक्तिरस, शृंगाररस, करुणारस आणि अद्वैतबोध यांचे सहज संमिश्रण आहे. सौन्दर्यलहरी ही केवळ काव्यरचना नसून अद्वैत-तत्त्व आणि शक्तितत्त्व यांचा अद्भुत संगम आहे.

अद्वैत वेदांत : सौन्दर्यलहरीत अद्वैत वेदांताचा मूलभूत सिद्धांत — ब्रह्म आणि शक्ती

यांचा अभेद — अत्यंत स्पष्टपणे मांडलेला आहे. पहिल्याच श्लोकात शंकराचार्य सांगतात की शक्तीशिवाय शिव अक्रिय आहेत आणि शक्ती शिवापासून भिन्न नाही. दोघे मिळूनच सृष्टी, स्थिती आणि लय या क्रिया करतात. येथे शिव हे चैतन्यरूप ब्रह्म आहेत, तर शक्ती ही त्यांची मायाशक्ती किंवा स्वरूपप्रकाशिनी चेतना आहे. संपूर्ण जग हे शिव-शक्तीच्या अद्वैत सत्तेचेच प्रकटीकरण आहे; जीव आणि ब्रह्म यांत भेद नाही, तो केवळ अविद्येमुळे भासतो. देवीची उपासना म्हणजेच त्या ब्रह्मस्वरूप चैतन्याची उपासना होय, जी सगुण-निर्गुण, साकार-निराकार या सर्व रूपांपलीकडे आहे. अशा प्रकारे सौन्दर्यलहरी भक्ती व साधनेच्या माध्यमातून अद्वैत वेदांत सुलभ करते. संपूर्ण सृष्टी शक्तीपासून उत्पन्न होते, तिच्यामुळे चालते आणि तिच्यातच विलीन होते. देवीच्या कृपेनेच आत्मज्ञान प्राप्त होते.

योगतत्त्व : सौन्दर्यलहरीमध्ये योगतत्त्व विशेषतः पहिल्या ४१ श्लोकांत (आनन्दलहरी) स्पष्ट होते. येथे साधकाच्या अंतर्गत साधनेची क्रमिक प्रक्रिया वर्णन केली आहे. कुण्डलिनी-योगाची सविस्तर मांडणी येथे आहे—मूलाधारातील सर्पाकार कुण्डलिनी-शक्तीचे जागरण, प्राणशक्तीच्या साहाय्याने तिला षट्चक्रांतून वर नेणे, आज्ञाचक्रातून सहस्रार-पद्मापर्यंत पोहोचवणे आणि तेथे शिव-शक्तीच्या मिलनाचा अनुभव घेणे. प्राणायाम, ध्यान, मंत्रजप, यंत्रोपासना आणि धारणा या योगांगांच्या माध्यमातून ही साधना पूर्ण होते. शंकराचार्य सांगतात की कुण्डलिनी जेव्हा सहस्रारात शिवाशी एकरूप होते, तेव्हा साधकाला परम आनंद आणि मोक्षाचा अनुभव येतो. त्यामुळे सौन्दर्यलहरी योगाला केवळ आसन-प्राणायामापुरता मर्यादित न ठेवता, तत्त्वज्ञान व भक्ती यांच्याशी जोडून संपूर्ण आध्यात्मिक मार्ग म्हणून सादर करते. हा ग्रंथ साधकाला बाह्य पूजेतून अंतःसाधनेकडे आणि अखेरीस ब्रह्मानुभूतीकडे घेऊन जातो.

या ग्रंथात देवीप्रती अखंड श्रद्धा, प्रेम आणि समर्पणाची भावना प्रकट होते. येथे उपासनेचे दोन प्रकार सांगितले आहेत—

1. **सगुण भक्ती** :

सौन्दर्यलहरीत सगुण भक्ती अत्यत सजीव आणि भावपूर्ण आहे. येथे त्रिपुरसुंदरी देवीचे साकार, सौंदर्यमय, अलंकारयुक्त रूप वर्णिले आहे—तिचा मुखचंद्र, नेत्र, अधर, कंठ, स्तन, नाभी आणि चरणकमल यांचे वर्णन असे आहे की साधकाला ती प्रत्यक्ष समोर उभी असल्याचा भास होतो. शंकराचार्यांनी देवीचे चतुर्भुज, रत्नभूषित, दिव्य अलंकारांनी सजलेले रूप रंगवले आहे. उपमा, रूपक आणि अनुप्रास यांच्या साहाय्याने देवीच्या

रूपावर साधकाचे गहन प्रेम व्यक्त होते. या श्लोकांचा पाठ करताना साधक भावसमाधीत लीन होतो.

2. निर्गुण भक्ती :

जरी सौन्दर्यलहरी मुख्यतः देवीच्या रूपसौंदर्याची स्तुती करत असली, तरी त्यात निर्गुण भक्तीचाही गहन अर्थ दडलेला आहे. देवीला शिवाची अभिन्न चैतन्यमय शक्ती, ब्रह्मस्वरूपा, सृष्टी-स्थिती-लय यांची कारणभूता आणि सर्वव्यापी चेतना म्हणून वर्णिले आहे. पहिल्या भागात (आनन्दलहरी) कुण्डलिनी, षट्चक्र, सहस्रार, मंत्र आणि ध्यान यांची चर्चा साधकाला अंतःस्थित ब्रह्मचैतन्याकडे नेते. ही भक्ती केवळ रूपस्मरणावर मर्यादित नसून, अनंत सत्तेशी आत्मैक्याचा अनुभव देते. येथे साधक देवीला निर्गुण-निराकार ब्रह्मरूप मानून ध्यान करतो आणि मोक्षप्राप्ती करतो. त्यामुळे सौन्दर्यलहरीत सगुण व निर्गुण भक्तीचा अद्वितीय संगम दिसतो.

सौन्दर्यलहरीतील तंत्रतत्त्व :

सौन्दर्यलहरीचा पहिला भाग—आनन्दलहरी—तंत्रतत्त्वाचे अत्यंत गूढ विवेचन करतो. यात षट्चक्रतत्त्व (मूलाधार, स्वाधिष्ठान, मणिपूर, अनाहत, विशुद्धी, आज्ञा), कुण्डलिनी-शक्तीचे जागरण, सहस्रार-पद्माचा अनुभव, मंत्रजप, बीजाक्षरांची शक्ती आणि श्रीचक्र-यंत्राची उपासना यांचे सविस्तर निर्देश आहेत. येथे तंत्राला केवळ लौकिक चमत्कारांचे साधन न मानता, आत्मोन्नती व ब्रह्मानुभूतीचे शास्त्र म्हणून मांडले आहे. देवी ही शिवाची अभिन्न शक्ती आहे, आणि तंत्रसाधनेद्वारे साधक अंतर्गत चैतन्यजागरण साधू शकतो, असे शंकराचार्य प्रतिपादित करतात. या साधनेत बाह्य पूजा, यंत्रन्यास, ध्यान आणि अखेरीस निराकार ब्रह्मानुभूती यांचा क्रमिक समन्वय आहे. त्यामुळे तंत्र हे तामसिक साधन नसून शुद्ध आध्यात्मिक उन्नतीचा वैज्ञानिक मार्ग ठरते.

सौन्दर्यलहरीचा भारतीय कला, संगीत आणि नृत्य यांवरही खोल प्रभाव पडलेला आहे. मंदिरांतील देवीच्या मूर्तींच्या रचनेत या ग्रंथातील वर्णनांचा प्रभाव दिसतो. आजही हा ग्रंथ साधकांसाठी मंत्रसाधनेचा आधार आहे. काश्मीरपासून कन्याकुमारीपर्यंत देवीभक्त जप, ध्यान आणि पूजनात सौन्दर्यलहरीचा उपयोग करतात. संस्कृत साहित्य, दर्शन आणि तंत्र यांचे विद्यार्थी यासाठी हा ग्रंथ अनिवार्य अध्ययनसामग्री आहे. सौन्दर्यलहरी ही केवळ देवीची स्तुती नसून, संपूर्ण आध्यात्मिक जीवनाचा मार्गदर्शक ग्रंथ आहे. भक्ती, ज्ञान, तंत्र, योग आणि अद्वैत—या सर्वांचा समन्वय येथे आढळतो. हा ग्रंथ

साधकाच्या हृदयात भक्तिरस निर्माण करतो आणि त्याला मोक्षाच्या मार्गावर अग्रसर करतो.

शङ्कराचार्य का जीवन-परिचय

भारतीय दर्शन के विस्तीर्ण आकाश में शङ्कराचार्य एक ऐसे अद्वितीय नक्षत्र हैं, जिनका तेज आज भी समान रूप से आलोकित है। अद्वैता वेदान्त के सर्वोच्च प्रतिपादक, वे केवल दार्शनिक ही नहीं, अपितु अद्वितीय ग्रन्थकार, मठसंस्थापक, सांस्कृतिक पुनर्जागरण के प्रवर्तक और राष्ट्र के आध्यात्मिक एकता-सूत्रधार थे। उन्होंने वेद, उपनिषद्, ब्रह्मसूत्र और भगवद्गीता पर अप्रतिम भाष्य लिखे तथा भारत के विविध मतों में अद्वैत सिद्धान्त का प्रचार-प्रसार किया। उनकी आयु यद्यपि केवल ३२ वर्ष रही, परन्तु उस अल्पकाल में उन्होंने जो कार्य किया, उसका प्रभाव सहस्राब्दियों तक विद्यमान है। शङ्कराचार्य का जन्म केरल के एर्नाकुलम ज़िले के कालडी नामक ग्राम में हुआ। पारम्परिक मान्यता के अनुसार उनका जन्म संवत् ८४५ (ई. ७८८) में वैशाख शुक्ल पंचमी को हुआ।

- **पिता** – शिवगुरु: वे एक विद्वान, धर्मनिष्ठ और वेदाध्यायी ब्राह्मण थे।
- **माता** – आर्याम्बा: श्रद्धालु, तपस्विनी और पुत्रवत्सला महिला थीं।

शिवगुरु-आर्याम्बा निःसंतान थे, अतः उन्होंने वरुण, शिव और विष्णु की आराधना की। कथा है कि भगवान शिव ने स्वप्न में प्रकट होकर उन्हें वरदान दिया कि एक तेजस्वी पुत्र होगा, जो अल्पायु में ही असाधारण कार्य करेगा।

बाल्यावस्था से ही शङ्कर अत्यन्त मेधावी थे। पाँच वर्ष की अवस्था में उन्हें गुरुकुल में प्रवेश दिलाया गया। आठ वर्ष की अवस्था में ही उन्होंने वेद, वेदाङ्ग, स्मृति, मीमांसा, व्याकरण, न्याय और वेदान्त का गहन अध्ययन कर लिया। जैसा की आचार्य शङ्कर के बारे में प्रसिद्धि है कि-

अष्टवर्षेचतुर्वेदी, द्वादशे सर्वशास्त्रवित्।
षोडशे कृतवान् भाष्यं द्वात्रिंशे मुनिरभ्यगात्॥

इसका अर्थ है कि "आठ वर्ष की आयु में वह चारों वेदों में निपुण हो गए, बारह वर्ष की आयु में सभी शास्त्रों में पारंगत हो गए, सोलह वर्ष की आयु में उन्होंने शांकरभाष्य लिखा,

और बत्तीस वर्ष की आयु में उन्होंने शरीर त्याग दिया।" यह श्लोक आदि शंकराचार्य के असाधारण ज्ञान और उनके द्वारा कम समय में हासिल की गई उपलब्धियों को दर्शाता है।

शङ्कराचार्य जी के वाक्पटुता और शास्त्रार्थ-कौशल की ख्याति दूर-दूर तक फैल गई। ऐतिहासिक दृष्टि से यह काल बौद्धधर्म और विभिन्न आस्तिक-नास्तिक सम्प्रदायों की सक्रियता का था, जिससे वैदिक परम्परा कुछ शिथिल हो रही थी। शङ्कराचार्य का उदय इसी पृष्ठभूमि में हुआ।

शङ्कर का मन प्रारम्भ से ही वैराग्य की ओर प्रवृत्त था। पिता के देहान्त के पश्चात् वे माता के साथ रहते थे। एक दिन, नर्मदा-तट पर स्नान करते समय मगरमच्छ ने उनका पैर पकड़ लिया। उन्होंने तत्काल माता से कहा – "यदि मुझे संन्यास लेने की अनुमति दें, तो यह संकट टल जाएगा।" माता ने अनिच्छा से अनुमति दी और तत्क्षण मगरमच्छ ने उन्हें छोड़ दिया। इसके बाद उन्होंने आठ वर्ष की अवस्था में ही संन्यास ग्रहण किया और अपने गुरु की खोज में नर्मदा तट पहुँचे। नर्मदा के तट पर, ओंकारेश्वर क्षेत्र में, उन्हें **गोविन्द भगवत्पाद** मिले, जो अद्वैताचार्य गौडपाद के शिष्य थे। गोविन्द भगवत्पाद के निर्देशन में उन्होंने वेदान्त का गहन अध्ययन किया और अद्वैत सिद्धान्त की परम्परा में दीक्षित हुए। गुरु ने उन्हें आदेश दिया कि वे अद्वैत वेदान्त का प्रचार-प्रसार करें, विविध मतों में संवाद करें और वेद-धर्म की पुनः प्रतिष्ठा करें।

शङ्कराचार्य के भाष्यों ने अद्वैत वेदान्त को एक दार्शनिक दृढ़ता दी। उनके प्रमुख भाष्य हैं—

1. **ब्रह्मसूत्रभाष्य** – अद्वैत वेदान्त का आधारभूत ग्रन्थ।
2. **भगवद्गीताभाष्य** – कर्म, भक्ति और ज्ञान का अद्वैत दृष्टि से समन्वय।
3. **उपनिषद्भाष्य** – ईश, केन, कठ, प्रश्न, मुण्डक, माण्डूक्य, तैत्तिरीय, ऐतरेय, छान्दोग्य, बृहदारण्यक आदि पर।

प्रकरण-ग्रन्थ

ये ग्रन्थ अद्वैत के मूल सिद्धान्तों को सरल रूप में समझाते हैं—

- उपदेशसाहस्री
- आत्मबोध
- विवेकचूडामणि

- पंचीकरण
- आत्मानात्मविवेक
- लघुवाक्यवृत्ति

(ग) स्तोत्र-साहित्य

- भजगोविन्दम्
- निर्वाणषटकम्
- सौन्दर्यलहरी
- गङ्गालहरी
- शिवानन्दलहरी

इन स्तोत्रों में भक्ति, अद्वैत और काव्य-शक्ति का अद्वितीय संगम है।

दिग्विजय यात्राएँ

गुरु के आदेशानुसार शङ्कराचार्य ने भारत के चारों दिशाओं की यात्रा की।

- **काशी** में बौद्ध और न्यायमतियों से संवाद।
- **प्रयाग** में वेदान्त प्रचार।
- **कांची** और **दक्षिण भारत** में शैव-शाक्त उपासकों से वार्ता।
- **द्वारका** और **गुजरात** में मठ-स्थापना।
- **पुरी** में गोवर्धन मठ की स्थापना।
- **उत्तराखण्ड** में ज्योतिर्मठ की स्थापना। इन यात्राओं ने भारतीय सांस्कृतिक एकता

को पुनः सुदृढ़ किया।

मठ एवं संगठन-व्यवस्था

चार मठों की स्थापना के साथ शङ्कराचार्य ने प्रत्येक मठ के लिए एक शिष्य नियुक्त किया—

1. **पूर्वाम्नाय (पुरी)** – पद्मपादाचार्य
2. **दक्षिणाम्नाय (शृंगेरी)** – सुरेश्वराचार्य
3. **पश्चिमाम्नाय (द्वारका)** – हास्तामलकाचार्य
4. **उत्तराम्नाय (ज्योतिर्मठ)** – तोटकाचार्य

९. प्रमुख शिष्य और उनकी भूमिका

- **पद्मपादाचार्य** – "पंचपादिका" ग्रन्थ के रचयिता।

- **सुरेश्वराचार्य** – नैयायिक और मीमांसक पृष्ठभूमि से आये, "नैष्कर्म्यसिद्धि" के कर्ता।
- **हास्तामलकाचार्य** – अद्वैत सिद्धान्त का बाल्यकाल में ही अनुभव, "हास्तामलकिय" रचना।
- **तोटकाचार्य** – "तोटकाष्टक" के रचयिता।

केवल ३२ वर्ष की अल्पायु में, केदारनाथ के समीप, शङ्कराचार्य ने समाधि ली। यद्यपि उनकी भौतिक उपस्थिति समाप्त हुई, किन्तु उनका कार्य आज भी जीवित है—मठ, भाष्य, शिष्य-परम्परा और अद्वैत-सिद्धान्त के रूप में। शङ्कराचार्य का जीवन मानव-इतिहास का एक अद्वितीय उदाहरण है, जिसमें अल्पायु में भी असंभव को संभव किया जा सकता है। उनकी शिक्षाएँ आज भी उतनी ही प्रासंगिक हैं, जितनी १२ शताब्दियों पूर्व थीं। अद्वैत का सार्वभौमिक संदेश — **"ब्रह्म सत्यं जगन्मिथ्या जीवो ब्रह्मैव नापरः"** — केवल दार्शनिक सिद्धान्त नहीं, बल्कि आध्यात्मिक जीवन का आधार है। भारत के आध्यात्मिक, दार्शनिक और सांस्कृतिक जीवन में शङ्कराचार्य का योगदान चिरस्मरणीय रहेगा।

शंकराचार्य यांचे जीवनपरिचय

भारतीय तत्त्वज्ञानाच्या विशाल आकाशात शंकराचार्य हे एक असे अद्वितीय नक्षत्र आहेत की ज्यांचा तेज आजही तितक्याच प्रभावाने प्रकाशमान आहे. अद्वैत वेदान्ताचे सर्वोच्च प्रतिपादक म्हणून ते केवळ महान तत्त्वज्ञच नव्हते, तर अद्वितीय ग्रंथकार, मठसंस्थापक, सांस्कृतिक पुनर्जागरणाचे प्रवर्तक आणि राष्ट्राच्या आध्यात्मिक एकतेचे सूत्रधार होते. त्यांनी वेद, उपनिषदे, ब्रह्मसूत्र आणि भगवद्गीता यांवर अप्रतिम भाष्ये लिहिली आणि भारतातील विविध मतप्रवाहांमध्ये अद्वैत सिद्धांताचा व्यापक प्रसार केला.

- त्यांचे आयुष्य जरी केवळ ३२ वर्षांचे होते, तरी त्या अल्प काळात त्यांनी केलेले कार्य सहस्रकांपर्यंत प्रभावी ठरले आहे. शंकराचार्यांचा जन्म केरळ राज्यातील एर्नाकुलम जिल्ह्यातील कालडी या गावात झाला. पारंपरिक मान्यतेनुसार त्यांचा जन्म संवत् ८४५ (इ. स. ७८८) मध्ये वैशाख शुक्ल पंचमीच्या दिवशी झाला.
- **पिता – शिवगुरुः** ते विद्वान, धर्मनिष्ठ आणि वेदाध्यायी ब्राह्मण होते.
- **माता – आर्याम्बाः** त्या श्रद्धाळू, तपस्विनी आणि पुत्रवत्सल महिला होत्या.शिवगुरु आणि आर्याम्बा यांना संतती नव्हती. म्हणून त्यांनी वरुण, शिव आणि विष्णू यांची उपासना केली. अशी कथा सांगितली जाते की भगवान शिव स्वप्नात प्रकट झाले

आणि त्यांनी असा वर दिला की एक तेजस्वी पुत्र जन्माला येईल, जो अल्पायुष्यातच असामान्य कार्य करून दाखवेल.

बाल्यावस्थेपासूनच शंकर अत्यंत बुद्धिमान होते. पाचव्या वर्षी त्यांना गुरुकुलात प्रवेश देण्यात आला. अवघ्या आठव्या वर्षीच त्यांनी वेद, वेदांगे, स्मृती, मीमांसा, व्याकरण, न्याय आणि वेदांत यांचा सखोल अभ्यास पूर्ण केला. आचार्य शंकरांबद्दल प्रसिद्ध अशी ही उक्ती आहे—

अष्टवर्षेचतुर्वेदी, द्वादशे सर्वशास्त्रवित्।
षोडशे कृतवान् भाष्यं द्वात्रिंशे मुनिरभ्यगात्॥

याचा अर्थ असा— "आठव्या वर्षी ते चारही वेदांचे पारंगत झाले, बारा वर्षांत सर्व शास्त्रांचे ज्ञाते झाले, सोळाव्या वर्षी त्यांनी शांकरभाष्याची रचना केली आणि बत्तीसाव्या वर्षी त्यांनी देहत्याग केला." हा श्लोक आदि शंकराचार्यांच्या असाधारण प्रतिभेचे आणि अल्प काळात त्यांनी साधलेल्या अद्भुत कार्याचे दर्शन घडवतो.

शंकराचार्यांची वाक्पटुता आणि शास्त्रार्थातील कौशल्य यांची कीर्ती दूरवर परारली. ऐतिहासिक दृष्ट्या तो काळ बौद्धधर्म तसेच विविध आस्तिक-नास्तिक संप्रदायांच्या सक्रियतेचा होता, ज्यामुळे वैदिक परंपरा काहीशी शिथिल होत होती. याच पार्श्वभूमीवर शंकराचार्यांचा उदय झाला.

शंकरांचे मन प्रारंभापासूनच वैराग्याकडे झुकलेले होते. पित्याच्या निधनानंतर ते मातेसोबत राहत होते. एकदा नर्मदेच्या तीरावर स्नान करत असताना एका मगरमच्छाने त्यांचा पाय धरला. तेव्हा त्यांनी तत्क्षणी मातेला सांगितले— "मला संन्यास घेण्याची परवानगी दिलीत, तर हा संकट टळेल." आईने अनिच्छेने परवानगी दिली आणि तत्क्षणी मगरमच्छाने त्यांना सोडून दिले.

यानंतर त्यांनी अवघ्या आठव्या वर्षीच संन्यास स्वीकारला आणि गुरूच्या शोधार्थ नर्मदेच्या तीरावर गेले. नर्मदेच्या काठावर, ओंकारेश्वर क्षेत्रात, त्यांची भेट गोविंद भगवत्पाद यांच्याशी झाली. गोविंद भगवत्पाद हे अद्वैताचार्य गौडपादांचे शिष्य होते. त्यांच्या मार्गदर्शनाखाली शंकरांनी वेदांताचा सखोल अभ्यास केला आणि अद्वैत परंपरेत दीक्षा घेतली.

गुरूंनी त्यांना अद्वैत वेदांताचा प्रचार-प्रसार करण्याचा, विविध मतप्रवाहांशी संवाद साधण्याचा आणि वेदधर्माची पुनःप्रतिष्ठा करण्याचा आदेश दिला.

शंकराचार्यांच्या भाष्यांमुळे अद्वैत वेदांताला भक्कम दार्शनिक अधिष्ठान प्राप्त झाले. त्यांची प्रमुख भाष्ये पुढीलप्रमाणे—

1. **ब्रह्मसूत्रभाष्य** — अद्वैत वेदांताचा मूलभूत ग्रंथ.
2. **भगवद्गीता भाष्य** — कर्म, भक्ती आणि ज्ञान यांचा अद्वैत दृष्टीने समन्वय.
3. **उपनिषद् भाष्ये** — ईश, केन, कठ, प्रश्न, मुण्डक, माण्डूक्य, तैत्तिरीय, ऐतरेय, छांदोग्य, बृहदारण्यक इत्यादींवर.

प्रकरण-ग्रंथ हे ग्रंथ अद्वैताचे मूलतत्त्व सोप्या भाषेत स्पष्ट करतात

•उपदेशसाहस्री

•आत्मबोध

•विवेकचूडामणि

•पंचीकरण

•आत्मानात्मविवेक

• लघुवाक्यवृत्ती

स्तोत्र-साहित्य

•भजगोविन्दम्

•निर्वाणषटकम्

•सौन्दर्यलहरी

•गंगालहरी

• शिवानंदलहरी

या स्तोत्रांमध्ये भक्ती, अद्वैत आणि काव्यशक्ती यांचा अद्वितीय संगम आढळतो.

दिग्विजय यात्रा

गुरूंच्या आदेशानुसार शंकराचार्यांनी भारताच्या चारही दिशांना यात्रा केली—

• काशी येथे बौद्ध व न्यायमतवाद्यांशी संवाद.

• प्रयाग येथे वेदांताचा प्रचार.

• कांची व दक्षिण भारतात शैव-शाक्त उपासकांशी चर्चा.

• द्वारका व गुजरातमध्ये मठस्थापना.

• पुरी येथे गोवर्धन मठाची स्थापना.

• उत्तराखंडात ज्योतिर्मठाची स्थापना.

या यात्रांमुळे भारतीय सांस्कृतिक एकता अधिक दृढ झाली.

मठ व संघटन व्यवस्था

चार मठांची स्थापना करताना शंकराचार्यांनी प्रत्येक मठासाठी एक प्रमुख शिष्य नेमला—

1. पूर्वाम्नाय (पुरी) — पद्मपादाचार्य
2. दक्षिणाम्नाय (शृंगेरी) — सुरेश्वराचार्य
3. पश्चिमाम्नाय (द्वारका) — हास्तामलकाचार्य
4. उत्तराम्नाय (ज्योतिर्मठ) — तोटकाचार्य

प्रमुख शिष्य व त्यांची भूमिका

• पद्मपादाचार्य — पंचपादिका ग्रंथाचे कर्ते.

• सुरेश्वराचार्य — नैयायिक व मीमांसक पार्श्वभूमीचे; नैष्कर्म्यसिद्धीचे रचनाकार.

• हास्तामलकाचार्य — बाल्यावस्थेतच अद्वैताचा अनुभव; हास्तामलकिय रचना.

• तोटकाचार्य — तोटकाष्टकचे कर्ते.

अवघ्या ३२ वर्षांच्या अल्पायुष्यात, केदारनाथजवळ शंकराचार्यांनी समाधी घेतली. जरी त्यांची भौतिक उपस्थिती संपली, तरी त्यांचे कार्य आजही मठ, भाष्ये, शिष्यपरंपरा आणि अद्वैत सिद्धांताच्या रूपाने जिवंत आहे. शंकराचार्यांचे जीवन मानवइतिहासातील एक अद्वितीय उदाहरण आहे—अल्पायुष्यातही असंभवाला संभव करणारे.

त्यांच्या शिकवणी आजही तितक्याच प्रासंगिक आहेत, जितक्या बारा शतकांपूर्वी होत्या. अद्वैताचा सार्वत्रिक संदेश **"ब्रह्म सत्यं जगन्मिथ्या जीवो ब्रह्मैव नापरः"** हा केवळ दार्शनिक सिद्धांत नसून आध्यात्मिक जीवनाचा पाया आहे.

भारतीय आध्यात्मिक, दार्शनिक आणि सांस्कृतिक जीवनात शंकराचार्यांचे योगदान सदैव स्मरणात राहील.

आदि शंकराचार्य का स्तोत्र साहित्य

भारतीय संस्कृति में भक्तिकाव्य का विशेष स्थान है। भक्ति के विभिन्न साहित्यिक रूपों में **स्तोत्र साहित्य** सबसे सहज, सरस और जनप्रिय माना जाता है। स्तोत्र वह काव्य है,

जिसमें किसी देवता, गुरु, या दार्शनिक सत्य की स्तुति, प्रार्थना और आत्म-समर्पण की भावना को पद्य या गद्य-पद्य में व्यक्त किया जाता है। आदि शंकराचार्य, जो अद्वैत वेदान्त के परमाचार्य माने जाते हैं, केवल दार्शनिक ग्रंथों के रचयिता ही नहीं, बल्कि भावनाओं और भक्ति के कुशल कवि भी थे। उनके स्तोत्रों में एक ओर अद्वैत वेदान्त की गूढ़ दार्शनिकता है, तो दूसरी ओर सहज, मधुर और हृदयस्पर्शी भक्ति का माधुर्य। यही कारण है कि उनका स्तोत्र साहित्य आज भी मंदिरों, आश्रमों और साधकों के जीवन में उतना ही प्रासंगिक और जीवंत है, जितना उनके समय में था। अल्पायु में ही उन्होंने अद्वितीय प्रतिभा का परिचय देते हुए वेद, उपनिषद और शास्त्रों का अध्ययन पूरा कर लिया। मात्र आठ वर्ष की अवस्था में संन्यास ग्रहण कर, उन्होंने गुरु गोविन्दपादाचार्य से वेदान्त की दीक्षा प्राप्त की। उन्होंने भारतवर्ष के विभिन्न क्षेत्रों की यात्रा कर, मठों की स्थापना की, अद्वैत वेदान्त का प्रचार किया और दार्शनिक व धार्मिक पुनर्जागरण में महत्वपूर्ण भूमिका निभाई। शंकराचार्य ने जहां उपनिषद, गीता और ब्रह्मसूत्र पर भाष्य लिखे, वहीं अनेक प्रकरण-ग्रंथ, स्तोत्र और भक्ति-गीत भी रचे। उनके स्तोत्रों का उद्देश्य अद्वैत वेदान्त के गूढ़ सिद्धांतों को सरल, सुबोध और भावपूर्ण भाषा में जनसामान्य तक पहुँचाना था।

शंकराचार्य का सम्पूर्ण दर्शन अद्वैत वेदान्त पर आधारित है, जिसका मूल सूत्र है – **"ब्रह्म सत्यं जगन्मिथ्या जीवो ब्रह्मैव नापरः"** अर्थात ब्रह्म ही सत्य है, जगत मिथ्या है, और जीव वस्तुतः ब्रह्म ही है। यह तत्त्वज्ञान दार्शनिक दृष्टि से अत्यंत गूढ़ है, जिसे केवल विद्वान ही नहीं, सामान्यजन भी समझें — इसके लिए शंकराचार्य ने स्तोत्रों को माध्यम बनाया। उनके स्तोत्र भावनात्मक भाषा में लिखे गए, किन्तु उनमें दार्शनिक तत्त्व भी अंतर्निहित हैं। इस प्रकार उनका स्तोत्र साहित्य भाव और ज्ञान का अद्वितीय समन्वय है।

शंकराचार्य के प्रमुख स्तोत्र एवं उनकी विशेषताएँ

(क) शिव-स्तुति संबंधी स्तोत्र

- **शिवानन्दलहरी** – यह 100 श्लोकों का एक अनूठा काव्य है जिसमें भक्ति, तत्त्वज्ञान और काव्य-सौंदर्य का अद्भुत संगम है। दार्शनिक दृष्टि से इसमें अद्वैत वेदान्त की पृष्ठभूमि विद्यमान है — शिव को केवल सगुण ईश्वर रूप में नहीं, बल्कि परम ब्रह्म स्वरूप में देखा गया है।

साहित्यिक दृष्टि से इसमें **अनुप्रास**, **उपमा** और **रूपक अलंकार** का सुंदर प्रयोग है।

उदाहरण के लिए, शिव के चरणों को 'मुक्तिदाता चन्द्रमा' और भक्ति को 'गंगाजल' से तुलना की गई है। भक्ति के स्तर पर यह ग्रंथ आत्म-समर्पण की चरमावस्था को दर्शाता है — जहाँ साधक स्वयं को पूर्णतः शिव के चरणों में अर्पित कर देता है।

- **दक्षिणामूर्ति स्तोत्र** – यह स्तोत्र अद्वैत वेदान्त का संक्षिप्त सूत्र रूप है। इसमें गुरु को शिवस्वरूप माना गया है, जो मौन रहकर ही शिष्य को आत्मज्ञान प्रदान करते हैं। दार्शनिक पक्ष — यहाँ 'मौन-वाक्य-प्रवचन' की अद्वैत परंपरा स्पष्ट होती है। दक्षिणामूर्ति 'ब्रह्म' के प्रत्यक्ष प्रतीक हैं और शिष्य को आत्मा-ब्रह्म ऐक्य का बोध कराते हैं। छंद और शैली — अधिकतर श्लोक 'शार्दूलविक्रीडित' और 'वसन्ततिलका' छंद में हैं, जिनमें गंभीरता और माधुर्य दोनों हैं।

(ख) शक्ति-स्तुति संबंधी स्तोत्र

- **सौन्दर्यलहरी** – यह शंकराचार्य की सबसे लोकप्रिय और बहु-प्रचलित रचनाओं में से एक है। इसमें 100 श्लोक हैं — पहले 41 श्लोक 'आनन्दलहरी' कहलाते हैं, जो तांत्रिक उपासना और अद्वैत ज्ञान पर केंद्रित हैं; शेष 59 श्लोक देवी के शारीरिक और आध्यात्मिक सौंदर्य का काव्यमय वर्णन करते हैं। दार्शनिक दृष्टि — शक्ति को ब्रह्म का ही एक रूप माना गया है। अद्वैत में जैसे ब्रह्म निर्विकल्प सत्य है, वैसे ही शक्ति उसकी अभिव्यक्ति है। साहित्यिक दृष्टि — इसमें उपमा, रूपक, श्लेष आदि अलंकारों की विपुलता है। देवी के नेत्र, केश, चरण आदि का वर्णन न केवल लौकिक सौंदर्य में बंधा है, बल्कि आध्यात्मिक शक्ति का भी प्रतीक है। इसका विस्तार से वर्णन आगे किया जायेगा।

(ग) विष्णु-स्तुति संबंधी स्तोत्र

- **भज गोविन्दम्** – जिसे 'मोहमुद्गर' भी कहा जाता है। इसमें जीवन की क्षणभंगुरता, मृत्यु की अनिवार्यता, और ईश्वर-भक्ति की महत्ता का उपदेश दिया गया है। यह 33 श्लोकों का उपदेशात्मक स्तोत्र है, जो जीवन की क्षणभंगुरता और ईश्वर-भक्ति की आवश्यकता पर बल देता है।

दार्शनिक पक्ष — अद्वैत वेदान्त के अनुसार संसार असार है और केवल ब्रह्म ही सत्य है। यह स्तोत्र साधक को वैराग्य और भक्ति के माध्यम से मोक्ष की ओर ले जाता है। साहित्यिक पक्ष — अनुष्टुप छंद में रचित, सरल और मधुर भाषा। इसमें 'भज गोविन्दं' का पुनरावर्तन पाठक/श्रोता के मन में भक्ति का दृढ़ भाव उत्पन्न करता है।

- **विष्णु-षट्पदी, कृष्णाष्टकम्** – विष्णु और कृष्ण की मधुर भक्ति को व्यक्त करने

वाले पद।

(घ) अन्य देवताओं की स्तुतियाँ

- **गणेश पञ्चरत्नम्** – विघ्नों के नाशक गणपति की स्तुति।
- **गङ्गा लहरी** – पावन गंगा की महिमा, पाप-क्षालन और मोक्षप्रदान की शक्ति का वर्णन।

(ङ) तात्त्विक और आत्मज्ञान-प्रधान स्तोत्र

- **निर्वाणषटकम्** – "मनोबुद्ध्यहंकार चित्तानि नाहम्" से प्रारंभ यह स्तोत्र आत्मा और ब्रह्म की अभिन्नता को स्पष्ट करता है। यह केवल छह श्लोकों का स्तोत्र है, लेकिन अद्वैत वेदान्त का सार इसमें निहित है। प्रारंभिक पंक्ति — **"मनोबुद्ध्यहकारचित्तानि नाहम्"** — आत्मा के निरपेक्ष स्वरूप की घोषणा करती है। दार्शनिक पक्ष — यहाँ आत्मा को देह, इंद्रिय, मन, बुद्धि, अहंकार, प्राण आदि से अलग बताया गया है और उसे 'शुद्ध चैतन्य' के रूप में प्रतिपादित किया गया है।

साहित्यिक पक्ष — पुनरावर्तन अलंकार ('चिदानन्दरूपः शिवोऽहम् शिवोऽहम्') से गहन आध्यात्मिक भाव उत्पन्न होता है।

शंकराचार्य के स्तोत्र संस्कृत में हैं, किन्तु उनकी भाषा सहज, प्रवाहपूर्ण और भावप्रधान है। वे जटिल दार्शनिक विचारों को भी सरल और काव्यमय रूप में प्रस्तुत करते हैं। छंद-विधान विविध है — अनुष्टुप्, शार्दूलविक्रीडित, मन्दाक्रान्ता, वसन्ततिलका आदि। अलंकारों में अनुप्रास, रूपक, उपमा, श्लेष आदि का सुसंतुलित प्रयोग मिलता है। उनकी रचनाओं में वेद, उपनिषद और पुराणों की गूँज स्पष्ट सुनाई देती है, जिससे उनका साहित्य शास्त्रीय गरिमा और लोकप्रियता, दोनों का संगम बन जाता है। शंकराचार्य के स्तोत्र केवल भावनात्मक अभिव्यक्ति नहीं, बल्कि अद्वैत वेदान्त के सिद्धांतों के मूर्त रूप भी हैं। शंकराचार्य के स्तोत्र यह सिद्ध करते हैं कि वे केवल अद्वैत के कठोर दार्शनिक नहीं थे, बल्कि हृदयस्पर्शी भक्त भी थे। उन्होंने भक्ति को ज्ञान का पूरक माना और ज्ञान को भक्ति का आधार। यही कारण है कि उनके स्तोत्र साधक को पहले भक्ति की ओर आकर्षित करते हैं और फिर धीरे-धीरे अद्वैत ज्ञान की ओर ले जाते हैं।

यद्यपि शंकराचार्य अद्वैत वेदान्त के आचार्य हैं, किन्तु उन्होंने भक्ति को मोक्षमार्ग का अभिन्न अंग माना। 'भज गोविन्दम्' में वे स्पष्ट कहते हैं कि केवल शुष्क पांडित्य मोक्ष नहीं दे सकता, इसके लिए ईश्वर-भक्ति आवश्यक है। उनकी भक्ति ज्ञान पर आधारित है और

उनका ज्ञान भक्ति से ओतप्रोत — यह संतुलन ही उनके स्तोत्रों को कालजयी बनाता है। और स्वयं कहते है कि विवेकचूडामणि में

मोक्षसाधनसामग्र्यां भक्तिरेव गरीयशी

शंकराचार्य के स्तोत्र भारत के हर क्षेत्र में प्रचलित हैं। दक्षिण भारत में इनका नित्य गान होता है, उत्तर भारत में मंदिरों और आश्रमों में इनका पाठ।उन्होंने विभिन्न देवताओं की स्तुति की, जिससे संप्रदाय-भेद कम हुआ और धार्मिक एकता की भावना प्रबल हुई। उनका स्तोत्र साहित्य केवल काव्य नहीं, बल्कि साधना का अंग है, जो पीढ़ी-दर-पीढ़ी साधकों को प्रेरित करता आया है। आदि शंकराचार्य का स्तोत्र साहित्य भारतीय आध्यात्मिक धरोहर का अमूल्य रत्न है। इसमें अद्वैत के गूढ़ तत्त्व, भक्ति का माधुर्य, काव्य का सौंदर्य और सांस्कृतिक एकता का संदेश — सभी का अद्वितीय संगम है। यह साहित्य न केवल विद्वानों के लिए, बल्कि साधारण भक्तों के लिए भी उतना ही उपयोगी और प्रेरक है। शंकराचार्य ने स्तोत्रों के माध्यम से जो तत्त्वज्ञान और भक्ति का सेतु बनाया, वह आज भी भारतीय संस्कृति में अटूट है और रहेगा।

आदि शंकराचार्यांचे स्तोत्र साहित्य

भारतीय संस्कृतीत भक्तिकाव्याला विशेष स्थान आहे. भक्तीच्या विविध साहित्यिक प्रकारांमध्ये स्तोत्र साहित्य सर्वाधिक सहज, सरस आणि जनप्रिय मानले जाते. स्तोत्र म्हणजे असे काव्य, ज्यामध्ये एखाद्या देवता, गुरु किंवा दार्शनिक सत्याची स्तुती, प्रार्थना आणि आत्मसमर्पणाची भावना पद्य किंवा गद्य-पद्य स्वरूपात व्यक्त केली जाते.

अद्वैत वेदांताचे परमाचार्य म्हणून ओळखले जाणारे आदि शंकराचार्य केवळ महान तत्त्वज्ञच नव्हते, तर ते भावनाशील आणि कुशल भक्तिकवीही होते. त्यांच्या स्तोत्रांमध्ये एकीकडे अद्वैत वेदांताची गूढ दार्शनिकता दिसून येते, तर दुसरीकडे सहज, मधुर व हृदयस्पर्शी भक्तीचे माधुर्य अनुभवायला मिळते. त्यामुळेच त्यांचे स्तोत्र साहित्य आजही मंदिरे, आश्रम आणि साधकांच्या जीवनात तितकेच सजीव व उपयुक्त आहे, जितके त्यांच्या काळात होते।

अल्पवयातच त्यांनी विलक्षण प्रतिभेचे दर्शन घडवत वेद, उपनिषदे व शास्त्रांचे अध्ययन पूर्ण केले. अवघ्या आठव्या वर्षी संन्यास स्वीकारून गुरु गोविंदपादाचार्यांकडून वेदांताची दीक्षा घेतली. त्यांनी भारतभर भ्रमण करून मठांची स्थापना केली, अद्वैत वेदांताचा प्रचार केला आणि धार्मिक-दार्शनिक पुनर्जागरणात महत्त्वाची भूमिका बजावली.

जिथे त्यांनी उपनिषदे, भगवद्गीता आणि ब्रह्मसूत्र यांवर भाष्य लिहिले, तिथे अनेक प्रकरणग्रंथ, स्तोत्रे आणि भक्तिगीतेही रचली. त्यांच्या स्तोत्रांचा मुख्य उद्देश अद्वैत वेदांतातील गहन सिद्धांत सोप्या, भावपूर्ण भाषेत सामान्य जनतेपर्यंत पोहोचवणे हा होता.

शंकराचार्यांचे संपूर्ण तत्त्वज्ञान अद्वैत वेदांतावर आधारित आहे. त्याचे मूलसूत्र असे —

"ब्रह्म सत्यं जगन्मिथ्या जीवो ब्रह्मैव नापर:"

अर्थात ब्रह्मच सत्य आहे, जग मिथ्या आहे आणि जीव हा प्रत्यक्षात ब्रह्मच आहे.

हे तत्त्वज्ञान अत्यंत गूढ असल्याने ते सामान्य लोकांनाही समजावे म्हणून शंकराचार्यांनी स्तोत्रांना माध्यम बनवले. त्यांच्या स्तोत्रांमध्ये भावनात्मक भाषा असली तरी त्यामध्ये दार्शनिक तत्त्व अंतर्भूत आहे. अशा प्रकारे त्यांचे स्तोत्र साहित्य हे भाव आणि ज्ञान यांचे अद्वितीय संमेलन आहे.

शंकराचार्यांची प्रमुख स्तोत्रे व त्यांची वैशिष्ट्ये

(क) शिवस्तुतीसंबंधी स्तोत्रे

• **शिवानंदलहरी** — शंभर श्लोकांचे हे अनुपम काव्य भक्ती, तत्त्वज्ञान व काव्यसौंदर्य यांचा सुंदर संगम आहे. येथे शिवाला केवळ सगुण देवता न मानता परम ब्रह्मस्वरूप म्हणून पाहिले आहे. साहित्यदृष्ट्या अनुप्रास, उपमा व रूपक अलंकारांचा सुरेख वापर दिसतो. शिवचरणांची तुलना मुक्तिदायक चंद्राशी, तर भक्तीची गंगाजलाशी केली आहे. हे ग्रंथ साधकाच्या पूर्ण आत्मसमर्पणाचे प्रतीक आहे.

• **दक्षिणामूर्ती स्तोत्र** — अद्वैत वेदांताचे संक्षिप्त सूत्ररूप. येथे गुरु शिवस्वरूप मानले असून ते मौनातून आत्मज्ञान देतात. दक्षिणामूर्ती ब्रह्माचे प्रत्यक्ष प्रतीक असून आत्मा-ब्रह्म ऐक्याचा बोध घडवतात. बहुतेक श्लोक शार्दूलविक्रीडित व वसंततिलका वृत्तांत रचलेले आहेत.

(खशक्तिस्तुतीसंबंधी स्तोत्र (

• **सौंदर्यलहरी** — शंकराचार्यांची अतिशय लोकप्रिय रचना. यातील पहिली ४१ श्लोके 'आनंदलहरी' असून तांत्रिक उपासना व अद्वैत ज्ञानावर केंद्रित आहेत; उरलेले ५९ श्लोक देवीच्या शारीरिक व आध्यात्मिक सौंदर्याचे काव्यमय वर्णन करतात. येथे शक्तीला

ब्रह्माचेच रूप मानले आहे. उपमा, रूपक, श्लेष यांचा विपुल वापर असून देवीचे सौंदर्य हे आध्यात्मिक शक्तीचे प्रतीक म्हणून मांडले आहे.

(गविष्णुस्तुतीसंबंधी स्तोत्र (

• **भज गोविंदम् (मोहमुद्गर)** — ३३ श्लोकांचे उपदेशपर स्तोत्र. जीवनाची क्षणभंगुरता, मृत्यूची अनिवार्यता व ईश्वरभक्तीचे महत्त्व येथे प्रतिपादित केले आहे. अनुष्टुप वृत्तातील साधी, मधुर भाषा आणि "भज गोविंदम्"चा पुनरुच्चार भक्ती दृढ करतो.

• **विष्णुषट्पदी, कृष्णाष्टकम्** — विष्णु व कृष्णभक्ती व्यक्त करणाऱ्या मधुर रचना.

(घइतर देवतांची स्तुती (

• **गणेश पंचरत्नम्** — विघ्नहर्त्या गणपतीची स्तुती.

• **गंगालहरी** — पवित्र गंगेची महिमा, पापनाश व मोक्षप्रदान शक्तीचे वर्णन.

(ङ) तात्त्विक व आत्मज्ञानप्रधान स्तोत्र

• **निर्वाणषटकम्** - "मनोबुद्ध्यहङ्कार चित्तानि नाहम्" या ओळीने सुरू होणारे सहा श्लोकांचे स्तोत्र आत्मा-ब्रह्म ऐक्य स्पष्ट करते. येथे आत्म्याला देह, इंद्रिये, मन, बुद्धी व अहंकार यांपासून वेगळे मानून शुद्ध चैतन्य स्वरूपात मांडले आहे. "चिदानंदरूपः शिवोऽहम् शिवोऽहम्" या पुनरुक्तीमुळे गहन आध्यात्मिक अनुभूती निर्माण होते.

शंकराचार्यांची स्तोत्रे संस्कृतमध्ये असली तरी त्यांची भाषा सहज, प्रवाही व भावप्रधान आहे. त्यांनी गुंतागुंतीचे तत्त्वज्ञानही काव्यमय रीतीने मांडले. अनुष्टुप, शार्दूलविक्रीडित, मंदाक्रांता, वसंततिलका अशी विविध वृत्ते आणि अनुप्रास, उपमा, रूपक, श्लेष यांसारखे अलंकार यांचा समतोल वापर त्यांच्या रचनांत आढळतो.

त्यांच्या काव्यात वेद, उपनिषदे व पुराणांची स्पष्ट छाप आहे. त्यामुळे त्यांचे साहित्य शास्त्रीय गरिमा आणि लोकप्रियता यांचा सुंदर संगम ठरते. शंकराचार्यांची स्तोत्रे केवळ भावनिक अभिव्यक्ती नसून अद्वैत वेदांताच्या सिद्धांतांचे मूर्त स्वरूप आहेत.

ते फक्त कठोर तत्त्वज्ञ नव्हते, तर हृदयस्पर्शी भक्तही होते. त्यांनी भक्तीला ज्ञानाची पूरक आणि ज्ञानाला भक्तीचा आधार मानले. म्हणूनच त्यांची स्तोत्रे आधी भक्तीकडे आकर्षित करतात आणि नंतर हळूहळू अद्वैत ज्ञानाकडे नेतात.

'भज गोविंदम्'मध्ये ते स्पष्ट सांगतात की कोरडे पांडित्य मोक्ष देऊ शकत नाही; त्यासाठी ईश्वरभक्ती आवश्यक आहे. विवेकचूडामणीत ते म्हणतात —

"मोक्षसाधनसामग्र्यां भक्तिरेव गरीयसी।"

त्यांची स्तोत्रे भारतभर प्रचलित आहेत — दक्षिणेत नित्यगान, तर उत्तरेत मंदिर व आश्रमांत पाठ केला जातो. विविध देवतांची स्तुती करून त्यांनी संप्रदायभेद कमी केला व धार्मिक ऐक्य वाढवले.

आदि शंकराचार्यांचे स्तोत्र साहित्य हे भारतीय आध्यात्मिक परंपरेचे अमूल्य रत्न आहे. त्यात अद्वैत तत्त्वज्ञान, भक्तीचे माधुर्य, काव्यसौंदर्य आणि सांस्कृतिक एकात्मतेचा संदेश यांचा अद्वितीय संगम आहे. हे साहित्य विद्वानांइतकेच सामान्य भक्तांसाठीही प्रेरणादायी आहे.

स्तोत्रांच्या माध्यमातून त्यांनी ज्ञान व भक्ती यांचा जो सेतू निर्माण केला, तो भारतीय संस्कृतीत आजही अढळ आहे — आणि राहील.

॥ सौन्दर्यलहरी ॥

सौन्दर्यलहरीकर्त्रे सर्वमङ्गलदायिने।
शङ्कराचार्यवर्याय यतिराजाय ते नमः ॥

शिवः शक्त्यायुक्तो यदि भवति शक्तः प्रभवितुं
न चेदेवं देवो न खलु कुशलः स्पन्दितुमपि।
अतस्त्वामाराध्यां हरिहरविरिञ्चादिभिरपि
प्रणन्तुं स्तोतुं वा कथमकृतपुण्यः प्रभवति ॥१॥

पदच्छेदः - शिवः शक्त्यायुक्तः यदि भवति शक्तः प्रभवितुं न चेत् एवं देवः न खलु कुशलः स्पन्दितुम् अपि। अतः त्वाम् आराध्यां हरिहरविरिञ्चादिभिः अपि प्रणन्तुं स्तोतुं वा कथम् अकृतपुण्यः प्रभवति ॥१॥

अन्वयः- यदि शिवः शक्त्यायुक्तो भवति शक्तः प्रभवति न चेत् एवं देवः न खलु कुशलः स्पिन्दतुम् अर्हति, अतः हरिहरविरिञ्चादिभिः अपि त्वाम् आराध्य प्रणन्तुं स्तोतुं वा अकृतपुण्यः कथं प्रभवति।

अर्थः- भगवान् शिवोपि यदा शक्त्यायुक्तो बभूव तदैव सः सृष्टिं कर्तुं समर्थो बभूव, यद्येवं न स्यात्तर्हि स्वेच्छया स्पन्दितुमपि सः नार्हति। अतः त्वां विशिष्टशक्तिमतीं हरिहरब्रह्माराध्यां कथञ्चिदपि पुन्यविहीनः पुरुषः नमस्कर्तुं न प्रभवति अर्थात् पुण्यवान्नेव नन्तुं प्रभवति।

शिव हे शक्तीसोबत एकरूप झाल्यावरच सृष्टी निर्माण करण्यास समर्थ होतात. शक्ती नसल्यास शिवालाही हालचाल करण्याची क्षमता राहत नाही. म्हणूनच ब्रह्मा, विष्णू, महेश हेही देवीची आराधना करतात. अशा महादेवीचे स्तवन वा प्रणाम पुण्याविना कसा होऊ शकतो?

शक्ति के बिना शिव भी निष्क्रिय हैं। समस्त सृष्टि का संचालन आदिशक्ति से ही होता है "**त्वयैतद्धार्यते विश्वं त्वयैतत् सृज्यते जगत्**॥" यह देवीवाक् स्वतः प्रमाण है। देवी की उपासना ही मूल उपासना है, और उनके स्तवन का अधिकार केवल पुण्यात्माओं को ही प्राप्त होता है।

तनीयांसम्पांसुं तव चरणपङ्केरुहभवं
विरिञ्चिः सञ्चिन्वन् विरचयति लोकानविकलम्।
वहत्येनं शौरिः कथमपि सहस्रेण शिरसां
हरःसङ्क्षुभ्यैनं भजति भसितोद्धूलनविधिम् ॥२॥

पदच्छेदः- तनीयांसम्पांसुं तव चरणपङ्केरुहभवं विरिञ्चिः सञ्चिन्वन् विरचयति लोकानविकलम्। वहत्येनं शौरिः कथमपि सहस्रेण शिरसां हरः सङ्क्षुभ्यैनं भजति भसितोद्धूलनविधिम् ॥२॥

अन्वयः- तव चरणपङ्के रुहभवं तनीयां सम्पांसुं सञ्चिन्वन् विरिञ्चिः अविकलं लोकान् विरचयति। शौरिः एनं कथमपि सहस्रेण शिरसां वहति हरः भसितोद्धूलनविधिं संक्षुद्य एनं भजति।

अर्थः- तव चरणकमलाभ्याम् उत्पद्यमानात् एकं कणं चित्वा विना विकलतां स्थावरान्ता सृष्टिः विधीयते। तां च सहस्रशिरोयुक्तः शेषनागः महता श्रमेण वहति तामेव च हरः भस्मीकृत्य स्वाङ्गेषु लेपयति॥

देवीच्या चरणकमलांतील अतिशय सूक्ष्म रजकण ब्रह्मदेव गोळा करून संपूर्ण सृष्टीची रचना करतात. विष्णू तेच रजकण हजारो मस्तकांवर धारण करतात आणि शंकर त्यालाच भस्मरूपात अंगावर धारण करतात.

देवी की चरणरज से ब्रह्मा सृष्टि करते हैं, विष्णु उसे आदरपूर्वक धारण करते हैं और शिव उसे भस्मरूप में स्वीकार करते हैं —इससे स्पष्ट होता है कि त्रिदेवों की शक्ति का मूल स्रोत भी देवी ही हैं।

अविद्यानामन्तस्तिमिरमिहिरद्वीपनगरी
जडानां चैतन्यस्तबकमकरन्दः स्रुतिझरी।
दरिद्राणां चिन्तामणिगुणनिका जन्मजलधौ
निमग्नानां दंष्ट्रा मुररिपुवराहस्य भवति ॥३॥

पदच्छेदः- अविद्यानामन्तस्तिमिरमिहिरद्वीपनगरी जडानां चैतन्यस्तबकमकरन्दः स्रुतिझरी।

दरिद्राणां चिन्तामणिगुणनिका जन्मजलधौ निमग्नानां दंष्ट्रा मुररिपुवराहस्य भवति ॥३॥

अन्वयः:- भवती अविद्यानाम् अन्तः तिमिरं (तस्य) उद्वीपनकरी जडानां चैतन्यस्तबकमकरन्दश्रुतिझरी दरिद्राणां चिन्तामणिगुणनिका जन्मजलधौ निमग्नानां दंष्ट्रा मुरारिपुवराहस्य इव।

अर्थः:- भगवती भवती अविद्यान्धकारे विद्यमानानां जनानां ज्ञानरूपसूर्यस्य उद्दीपयित्री जडमनुष्येभ्यः चैतन्यस्तावकात् बहिरागच्छन्ती इव मकरन्दवत् स्रोतसां झरी। दरिद्रेभ्यः चिन्तामणिमाला जननमरणसंसारे निमग्नेभ्यश्च वराहावताररूपिणः विष्णोः दन्त इव उद्धारिणी॥

हे देवी, तू अज्ञानरूपी अंधार दूर करणारी सूर्यनगरी आहेस, जड प्राण्यांना चेतना देणारी अमृतधारा आहेस, दरिद्री लोकांसाठी चिंतामणीसारखी आहेस, आणि संसारसागरात बुडालेल्यांसाठी तू उद्धारक आहेस.

देवी अज्ञान का नाश करती हैं, चेतना का संचार करती हैं, दारिद्र्य दूर करती हैं और जीवों को संसार-सागर से पार लगाती हैं — वे ज्ञान, करुणा और मोक्ष की साक्षात् प्रतिमा हैं।

त्वदन्यः पाणिभ्यामभयवरदो दैवतगणः
त्वमेका नैवासि प्रकटितवराभीत्यभिनया।
भयात्त्रातुं दातुं फलमपि च वाञ्छासमधिकं
शरण्ये लोकानां तव हि चरणावेव निपुणौ ॥४॥

पदच्छेदः:- त्वदन्यः पाणिभ्यामभयवरदो दैवतगणः त्वमेका नैवासि प्रकटितवराभीत्यभिनया। भयात्त्रातुं दातुं फलमपि च वाञ्छासमधिकं शरण्ये लोकानां तव हि चरणावेव निपुणौ ॥४॥

अन्वयः:- शरण्ये लोकानां त्वदन्यः दैवतगणः पाणिभ्याम् अभयवरदः त्वमेका एव प्रकटितवरा अभीत्यभिनया नैव असि भयात्त्रातुं फलमपि वाञ्छासमधिकं च दातुं तव हि चरणावेव निपुणौ।

अर्थः:- हे लोकानां शरण्ये भवतीं विहाय वरप्रदानकाले अन्ये देवतागणाः हस्ताद्यभिनयेन अभयदानं कुर्वन्ति किन्तु एकैव भवती हस्ताद्यभिनयं विना अभयदानं करोति येन

भयात्त्रातुम् इच्छानुसारि फलं प्रदातुं तव चरणावेव अलम् ॥

इतर देवता केवळ अभय किंवा वरदान देतात, परंतु तू एकटीच कृपा व संरक्षण प्रत्यक्ष दर्शवितेस. लोकांना भयातून वाचविणे व इच्छित फल देणे हे तुझ्या चरणांचे नैसर्गिक सामर्थ्य आहे.

हे शरण्येअन्य देवता अपने हाथों से अभय और वर प्रदान करते हैं !, किंतु तुम अकेली ही अपने सहज भावहाव से वर और अभय दोनों प्रकट करती हो। भय से रक्षा करना और - इच्छित से भी अधिक फल देना — ये दोनों ही तुम्हारे चरणों में ही निपुणतापूर्वक निवास करते हैं।

हरिस्त्वामाराध्य प्रणतजनसौभाग्यजननीं
पुरा नारी भूत्वा पुररिपुमपि क्षोभमनयत्।
स्मरोऽपि त्वां नत्वा रतिनयनलेह्येन वपुषा
मुनीनामप्यन्तः प्रभवति हि मोहाय महताम् ॥५॥

पदच्छेद:- हरिस्त्वामाराध्य प्रणतजनसौभाग्यजननीं पुरा नारी भूत्वा पुररिपुमपि क्षोभमनयत्। स्मरोऽपि त्वां नत्वा रतिनयनलेह्येन वपुषा मुनीनामप्यन्तः प्रभवति हि मोहाय महताम् ॥५॥

अन्वय:- हरिः त्वां प्रणतजनसौभाग्यजननीम् आराध्य पुरा नारी भूत्वा पुररिपुम् अपि क्षोभम् अनयत् स्मरोऽपि त्वां रतिनयनलेह्येन वपुषा नत्वा महताम् अपि मुनीनाम् अन्तः मोहाय हि प्रभवति।

अर्थ:- स्वयं भगवान् विष्णुः प्रणतजनसौभाग्यदात्र्याः तव आराधनां विहाय मोहिन्याः स्वरूपं च आदाय त्रिपुरारेः चित्ते कामक्षोभम् उत्पादयामास। तव नमस्कारमात्रेण कामदेवस्य पत्न्याः रत्याः नयनचुम्बनम् अपि महतां मुनीनाम् अन्तःकरणेषु मोहजनकं भवति।

हे देवी, विष्णूंनी तुझी उपासना करून मोहिनी रूप धारण केले आणि शंकरांनाही मोहित केले. कामदेवसुद्धा तुला नमस्कार करून महान ऋषींच्याही अंतःकरणात मोह उत्पन्न करतो.

हे भक्तों के सौभाग्य को उत्पन्न करने वाली देवी,विष्णु ने तुम्हारी आराधना करके ! पहले नारी रूप धारण किया और त्रिपुर-विनाशक शिव को भी मोहित कर दिया। कामदेव

भी तुम्हें प्रणाम कर रति के नेत्रों से आस्वाद्य अपने सौंदर्य से महान मुनियों के हृदय में भी मोह उत्पन्न कर देता है।

धनुः पौष्पं मौर्वी मधुकरमयी पञ्चविशिखाः
वसन्तः सामन्तो मलयमरुदायोधनरथः।
तथाप्येकः सर्वं हिमगिरिसुते कामपिकृपाम्
अपाङ्गात्ते लब्ध्वा जगदिदमनङ्गो विजयते ॥६॥

पदच्छेदः- धनुः पौष्पं मौर्वी मधुकरमयी पञ्चविशिखाः वसन्तः सामन्तो मलयमरुदायोधनरथः। तथाप्येकः सर्वं हिमगिरिसुते कामपिकृपाम् अपाङ्गात्ते लब्ध्वा जगदिदमनङ्गो विजयते ॥६॥

अन्वयः- हिमगिरिसुते ते अपाङ्गात् सर्वं लब्ध्वा पौष्पं धनुः मधुकरमयी पञ्चविशिखा मौर्वी सामन्तो वसन्तः मलयमरुदायोधनरथः एकः अनङ्गो इदं जगत् विजयते।

अर्थः- धनुः पुष्पनिर्मितं तद्रज्जुश्च मधुकरैः शब्दस्पर्शादयाः पञ्चविषयाः तस्य बाणाः वसन्तश्च योद्धा मलयगिरेः शीतलमन्दसुगन्धितपवनस्य, तस्य युद्धरथः स्वयम् अनङ्गः, एतादृशः कामदेवः स्वशस्त्रैः समग्रं लोकं जयति। हे हिमगिरिसुते कामस्य एतादृशसामर्थ्यं तु तव एकस्मात् कटाक्षादेवाभूत्।

हे हिमालयसुते पार्वती! कामदेवाचे धनुष्य फुलांचे आहे, मधमाश्यांची माळ त्याची प्रत्यंचा आहे, पाच पुष्पबाण आहेत, वसंत ऋतू त्याचा सेनापती आहे आणि मलय पर्वताचा सुगंधी वारा त्याचा रथ आहे. इतकी सारी साधने असूनही, फक्त तुझ्या एका कृपादृष्टीमुळे देहहीन कामदेव (अनंग) संपूर्ण जगावर विजय मिळवतो.

पुष्पधनुष, मधुमक्खियों की डोरी, पाँच पुष्पबाण, वसंत मंत्री, मलय पवन सेनापति और युद्धरथ — ये सब होते हुए भी केवल एक अनंग (कामदेव) तुम्हारी दृष्टि-कटाक्ष की कृपा पाकर समस्त जगत पर विजय प्राप्त करता है।

क्वणत्काञ्चीदामा करिकलभकुम्भस्तननता
परीक्षीणा मध्ये परिणतशरच्चन्द्रवदना।
धनुर्बाणान् पाशं सृणिमपि दधाना करतलैः
पुरस्तादास्तां नः पुरमथितुराहोपुरुषिका ॥७॥

पदच्छेद:- क्वणत्काञ्चीदामा करिकलभकुम्भस्तननता परीक्षीणा मध्ये परिणतशरच्चन्द्रवदना। धनुर्बाणान् पाशं सृणिमपि दधाना करतलैः पुरस्तादास्तां नः पुरमथितुराहोपुरुषिका ॥७॥

अन्वय:- क्वणत्काञ्चीदामा करिकलभकुम्भस्तननता मध्ये परीक्षीणा परिणतशरच्चन्द्रवदना धनुः बाणान् पाशं सृणिमपि करतलैः दधाना पुरमथितुः अहो पुरुषिका नः पुरस्तत् आस्ताम्।

अर्थ:- कटिदेशे क्वणादिशब्दात्मिकदाममेखलायुक्ता गजशिरोदेशे विद्यमानकुम्भ इव स्तनभारेण नता कृशमध्या शरदृतोः पूर्णिमेव चन्द्रमुखी चतुर्षु अपि हस्तेषु क्रमशः धनुः बाणं पाशम् अङ्कुशं च धृतवती। पुरारेः एतादृशी या पुरुषिका सा अस्माकं पुरस्तात् भवतु

जिच्या कमरेभोवती किणकिणणारी मेखला आहे, जिचे स्तन हत्तीच्या कपाळासारखे उंच व भरदार आहेत, जिची कंबर अत्यंत सडपातळ आहे, आणि जिचे मुख शरद ऋतूतील पूर्णचंद्रासारखे सुंदर आहे, जिच्या हातात धनुष्य, बाण, पाश व अंकुश आहेत, अशी ती शिवाची परमशक्ती नेहमी आमच्यासमोर रक्षणासाठी उभी राहो. कनकती हुई करधनी से सुशोभित, हाथी के शावक जैसे उन्नत स्तनों वाली, क्षीण कटि वाली, शरद् पूर्णिमा के चंद्रमा के समान मुख वाली, हाथों में धनुष, बाण, पाश और अंकुश धारण करने वाली — वह शिव की अहोपुरुषिका (अग्रशक्ति) देवी हमारे सामने सदा विराजमान रहें।

सुधासिन्धोर्मध्ये सुरविटपिवाटीपरिवृते
मणिद्वीपे नीपो पवनवति चिन्तामणिगृहे।
शिवाकारे मञ्चे परमशिवपर्यङ्कनिलयां
भजन्ति त्वां धन्याः कतिचन चिदानन्दलहरीम् ॥८॥

पदच्छेद:- सुधासिन्धोर्मध्ये सुरविटपिवाटीपरिवृते मणिद्वीपे नीपो पवनवति चिन्तामणिगृहे।

शिवाकारे मञ्चे परमशिवपर्यङ्कनिलयां भजन्ति त्वां धन्याः कतिचन चिदानन्दलहरीम् ॥८॥

अन्वय:- सुधासिन्धोर्मध्ये सुरविटपिवाटीपरिवृते मणिद्वीपे चिन्तामणिगृहे नीपो पवनवति। कतिचन धन्याः परमशिवपर्यङ्कनिलयां त्वां चिदानन्दलहरीं भजन्ति।

अर्थः- सुधापूर्णसमुद्रमध्ये कल्पवृक्षवाटिकाभिः परिवृते मणिद्वीपे नीपवृक्षाणां मध्ये उपवनं चिन्तामणिरूपस्य वृक्षस्य अधः निर्मिते गृहे त्रिकोणाकृतौ शिवाकाले मञ्चे विराजमानानां चिदानन्दलहरीस्वरूपां त्वां कतिजनाः एव भजन्ति।

अमृतसागराच्या मध्यभागी, देववृक्षांनी वेढलेल्या मणिद्वीपावर, चिंतामणीच्या राजवाड्यात, शिवस्वरूप आसनावर बसून परमशिवाच्या मांडीवर विराजमान असलेली देवी, अशा चैतन्य-आनंदरूप देवीची केवळ काही भाग्यवान लोकच उपासना करतात.

अमृत-सागर के मध्य, कल्पवृक्षों से घिरे मणिद्वीप में, चिंतामणि भवन में, शिवरूप आसन पर विराजमान, परमशिव की शय्या पर स्थित उस चिदानंद-लहरी स्वरूप देवी का कुछ भाग्यशाली जन ही भजन करते हैं।

महीं मूलाधारे कमपि मणिपूरे हुतवहं
स्थितं स्वाधिष्ठाने हृदि मरुतमाकाशमुपरि।
मनोऽपिभ्रूर्मध्ये सकलमपि भित्त्वा कुलपथं
सहस्रारे पद्मे सहरहसि पत्या विहरसे ॥९॥

पदच्छेदः- महीं मूलाधारे कमपि मणिपूरे हुतवहं स्थितं स्वाधिष्ठाने हृदि मरुतमाकाशमुपरि। मनोऽपिभ्रूर्मध्ये सकलमपि भित्त्वा कुलपथं सहस्रारे पद्मे सहरहसि पत्या विहरसे ॥९॥

अन्वयः- महीं मूलाधारे कमपि मणिपूरे हुतवहं स्वाधिष्ठाने मरुतं हृदि आकाशम् उपरि मनोऽपिभ्रूर्मध्ये सकलमपि कुलपथं भित्त्वा सहस्रारे पद्मे सहरहसि पत्या विहरसे।

अर्थः- पृथिवीतत्त्वं मूलाधारे जलतत्वं मणिपूरे अग्नितत्त्वं स्वाधिष्ठाने वायुतत्त्वं स्वाधिष्ठाने हृदये च आकाशतत्वं विशुद्धे मनश्च भ्रुवोः मध्ये इत्येवं प्रकारकं शक्तिमार्गं भित्वा सहस्रारपद्मे स्वपत्या सह एकान्ते विहरसि।

हे देवी, तू मूलाधारात पृथ्वी, मणिपुरात अग्नी, स्वाधिष्ठानात जल, हृदयात वायू आणि वर आकाशरूपाने स्थित आहेस. सर्व चक्रे भेदून भ्रूमध्यातून वर जाऊन सहस्रार कमळात तू परमशिवासोबत रमण करतेस.

तुम मूलाधार में पृथ्वी, मणिपूर में अग्नि, स्वाधिष्ठान में जल, हृदय में वायु, ऊपर आकाश तथा भ्रूमध्य में मन रूप से स्थित होकर कुलपथ को भेदती हुई सहस्रार कमल में अपने पति

के साथ विहार करती हो।

सुधाधारासारैः चरणयुगलान्तर्विगलितैः
प्रपञ्चं सिञ्चन्ती पुनरपि रसाम्नायमहसः।
अवाप्य स्वां भूमिं भुजगनिभमध्युष्टवलयं
स्वमात्मानं कृत्वा स्वपिषि कुलकुण्डे विहरिणि ॥१०॥

पदच्छेदः- सुधाधारासारैः चरणयुगलान्तर्विगलितैः प्रपञ्चं सिञ्चन्ती पुनरपि रसाम्नायमहसः। अवाप्य स्वां भूमिं भुजगनिभमध्युष्टवलयं स्वमात्मानं कृत्वा स्वपिषि कुलकुण्डे विहरिणि ॥१०॥

अन्वयः- विहरिणि सुधाधारासारैः चरणयुगलान्तर्विगलितैः प्रपञ्चं सिञ्चन्ती रसाम्नायमहसः पुनरपि स्वां भूमिं भुजगनिभमध्युष्टवलयं अवाप्य स्वमात्मानं कृत्वा कुलकुण्डे स्वपिषि।

अर्थः- हे कुहरिणि, त्वम् अमृतधाराणां वर्षा सन्ती चरणयुगलयोः मध्ये विगलिता संसारं सिञ्चन्ती भूमिम् अवतीर्य स्वात्मानं सर्पिणीव कुडलीकृत्य कुलकुण्डे रमसे।

हे देवी, तुझ्या चरणांतून झरणाऱ्या अमृतधारेने संपूर्ण सृष्टी तृप्त होते. नंतर तू पुन्हा सर्पासारखी वेटोळी होऊन मूलाधारातील कुंडलिनीत विसावतेस आणि स्वतःमध्येच लीन होतेस.

अपने चरणों से झरती अमृतधाराओं से सम्पूर्ण जगत को सींचती हुई, पुनः अपने तेजस्वी मूल स्थान को प्राप्त कर, सर्पाकार वलय में स्थित होकर, अपने स्वरूप में लीन होकर, हे कुलकुंडलिनी! तुम अपने ही स्वरूप में रमण करती हो।

चतुर्भिः श्रीकण्ठैः शिवयुवतिभिः पञ्चभिरपि
प्रभिन्नाभिः शम्भोः नवभिरपि मूलप्रकृतिभिः।
चतुश्चत्वारिंशत् वसुदलकलाश्रत्रिवलय-
त्रिरेखाभिस्सार्धं तव शरणकोणाः परिणताः ॥११॥

पदच्छेदः- चतुर्भिः श्रीकण्ठैः शिवयुवतिभिः पञ्चभिरपि प्रभिन्नाभिः शम्भोः नवभिरपि

मूलप्रकृतिभिः। चतुश्चत्वारिंशत् वसुदलकलाश्रत्रिवलय-त्रिरेखाभिस्सार्धं तव शरणकोणाः परिणताः ॥११॥

अन्वयः- चतुर्भिः श्रीकण्ठैः पञ्चभिरपि शिवयुवतिभिः प्रभिन्नाभिः नवभिरपि मूलप्रकृतिभिः शम्भोः वसुदलकलाश्रत्रिवलयस्त्रिरेखाभिस्सार्धं चतुश्चत्वारिंशत् तव शरणकोणाः परिणताः ॥

अर्थः- चतुर्भिः श्रीकण्ठैः पञ्चभिः युवतिभिः नव प्रकृतिभिः त्रयश्चत्वारिंशत् त्रिकोणाः संपद्यन्ते, ये च शम्भोः बिन्दुस्थात् अत्यन्तं भिन्नाः , ते च त्रिवृत्तैः त्रिरेखाभिः सहितैः अष्टौ तथा षोडशदलैः युक्ताः भवन्ति।

चार श्रीकंठ (शिव) स्वरूपांबरोबर, पाच शिवशक्तींसह, शंकराच्या नऊ मूलप्रकृतींनी युक्त,
चव्वेचाळीस वसु-दल-कला, तीन वलये व तीन रेषा—या सर्वांच्या संयोगाने तुझे शरणकोन (श्रीचक्र) पूर्णत्वाला गेले आहेत.

चार श्रीकंठ (शिव), पाँच शिवशक्तियाँ, नौ मूल प्रकृतियाँ तथा चौवालीस वसुदल, कला, त्रिवलय और त्रिरेखा — इन सबके सहित तुम्हारे शरणकोण प्रकट होते हैं।

त्वदीयं सौन्दर्यं तुहिनगिरिकन्ये तुलयितुं
कवीन्द्राः कल्पन्ते कथमपि विरिञ्चिप्रभृतयः।
यदा लोकौत्सुक्यात् अमरललना यान्ति मनसा
तपोभिर्दुष्प्रापामपि गिरिशसायुज्यपदवीम् ॥१२॥

पदच्छेदः- त्वदीयं सौन्दर्यं तुहिनगिरिकन्ये तुलयितुं कवीन्द्राः कल्पन्ते कथमपि विरिञ्चिप्रभृतयः। यदा लोकौत्सुक्यात् अमरललना यान्ति मनसा तपोभिर्दुष्प्रापामपि गिरिशसायुज्यपदवीम् ॥१२॥

अन्वयः- तुहिनगिरिकन्ये त्वदीयं सौन्दर्यं तुलयितुं कवीन्द्राः विरिञ्चिप्रभृतयः कथमपि कल्पन्ते। अमरललना मनसा यदा लोकौत्सुक्यात् तपोभिर्दुष्प्रापामपिगिरिशसायुज्यपदवीं यान्ति।

अर्थः- हे हिमगिरिसुते तव सौन्दर्यस्य तुलनार्थं ब्रह्मप्रभृतिः अनेके कवीन्द्राः किमपि कल्पयन्ति। अथ वीक्ष्य तव सौन्दर्यं स्वर्गस्थाः अप्सरोगणाः अपि ध्यानस्थाः भवन्ति ,

अनेके च तपश्चर्यां दुष्प्राप्तमपि अपि शिवसायुज्यपदवीं सहजेन प्राप्नुवन्ति।

हे हिमालयकन्ये! तुझे सौंदर्य मोजण्याचा प्रयत्न ब्रह्मादि श्रेष्ठ कवीही कसाबसा करतात. लोकांच्या कुतूहलामुळे देवांगना मनानेच कठोर तपश्चर्या करूनही अत्यंत दुर्लभ अशा शिवसायुज्यपदाला पोहोचण्याचा प्रयत्न करतात.

हे हिमालयकन्या! तुम्हारे सौंदर्य की तुलना करने का प्रयास ब्रह्मा आदि कवियों द्वारा भी कठिन है। जब अप्सराएँ भी लोककुतूहलवश तपस्या करके गिरिश (शिव) के सायुज्य पद को प्राप्त करना चाहती हैं, तब तुम्हारा सौंदर्य वास्तव में अलौकिक सिद्ध होता है।

नरं वर्षीयांसं नयनविरसं नर्मसु जडं
तवापाङ्गालोके पतितमनुधावन्ति शतशः।
गलद्वेणीबन्धाः कुचकलशविस्रस्तसिचयाः
हठात्त्रुट्यत्काञ्च्यो विगलितदुकूला युवतयः ॥१३॥

पदच्छेदः- नरं वर्षीयांसं नयनविरसं नर्मसु जडं तवापाङ्गालोके पतितमनुधावन्ति शतशः।

गलद्वेणीबन्धाः कुचकलशविस्रस्तसिचयाः हठात्त्रुट्यत्काञ्च्यो विगलितदुकूला युवतयः ॥१३॥

अन्वयः- नरं वर्षीयांसं नयनविरसं नर्मसु जडं तव आपाङ्गालोके गलद्वेणीबन्धाः कुचकलशविस्रस्तसिचयाः हठात्त्रुट्यत्काञ्च्यो विगलितदुकूला शतशः युवतयः पतितमनुधावन्ति।

अर्थः- वयोवृद्धः द्रष्टुं कुरूपः क्रीडादिषु जडः पुरुषः तव दर्शनमात्रेण रमणीयतां संप्राप्य शतशः युवतिभिः अनुसार्यो भवति, तमनुसृत्य धावतीषु तासु युवतिषु कासाञ्चन वेणीबन्धाः उद्घाटिताः कुचकलशाभ्यां तद्वस्त्रं विच्छिन्नं मेखला च हठात् भग्ना वपुषः शाटिकापि न्यपतत्।

तुझ्या केवळ अपांगदृष्टीने स्पर्श झालेला- वृद्ध पुरुषही, निस्तेज नेत्रांचा व रसहीन मनाचा असूनसुद्धा, असंख्य युवती त्याच्या मागे धाव घेतात—ज्यांच्या वेण्या सैल झालेल्या, वस्त्रे विस्कटलेली, कटीबंध तुटलेले,आणि ओढण्या गळून पडलेल्या असतात.

तुम्हारे कटाक्ष में पड़े हुए वृद्ध पुरुष भी युवतियों द्वारा सैकड़ों की संख्या में अनायास

पीछा किए जाते हैं — जिनकी वेणियाँ खुल जाती हैं, वस्त्र ढीले पड़ जाते हैं और करधनियाँ टूटने लगती हैं।

क्षितौ षट्पञ्चाशत् द्विसमधिकपञ्चाशदुदके
हुताशे द्वाषष्टिः चतुरधिकपञ्चाशदनिले।
दिविद्विषट्त्रिंशत् मनसि च चतुष्षष्टिरिति ये
मयूखास्तेषामप्युपरि तवपादाम्बुजयुजम् ॥१४॥

पदच्छेदः- क्षितौ षट्पञ्चाशत् द्विसमधिकपञ्चाशदुदके हुताशे द्वाषष्टिः चतुरधिकपञ्चाशदनिले। दिविद्विषट्त्रिंशत् मनसि च चतुष्षष्टिरिति ये मयूखास्तेषामप्युपरि तवपादाम्बुजयुजम् ॥१४॥

अन्वयः- क्षितौ षट्पञ्चाशत् उदके द्विसमधिकपञ्चाशत् हुताशे द्विषष्टिः अनिले चतुरधिकपञ्चाशत् दिविद्विषट्त्रिंशत् मनसि च चतुष्षष्टिरिति ये मयूखाः तेषाम् अपि उपरि तव पादाम्बुजयुजम्।

अर्थः- हे देवि तव चरणकमलयुगलं कथमस्तीति चेत् पृथिव्यां षट्पञ्चाशत् जले द्विपञ्चाशत् अग्नौ द्विषष्टिः वायौ चतुःपञ्चाशत् आकाशे द्विसप्तति: मनसि च चतुषष्टिमयूखाः (रश्मयः) सन्ति, तदपेक्षया अपि उत्कृष्टे तव चरणकमले स्तः।

पृथ्वीमध्ये ५६, जलामध्ये ५८, अग्नीत ६२, वायूमध्ये ५८, आकाशात ३६ आणि मनामध्ये ६४ असे जे किरण —(तत्त्व) आहेत त्या सर्वांहूनही श्रेष्ठ तुझ्या चरणकमलांचे आश्रयस्थान आहे.

पृथ्वी में ५६, जल में ५२ से अधिक, अग्नि में ६२, वायु में ५४ से अधिक, आकाश में ७२, और मन में ६४ किरणें हैं इन सब किरणों से भी ऊपर तुम्हारे चरणकमलों का तेज — स्थित है।

शरज्ज्योत्स्नाशुभ्रां शशियुतजटाजूटमकुटां
वरत्रासत्राणस्फटिकघटिकापुस्तककराम्।
सकृन्नत्वां नत्वा कथमिव सतां सन्निदधते
मधुक्षीरद्राक्षामधुरिमधुरीणाः फणितयः ॥१५॥

पदच्छेद:- शरज्ज्योत्स्नाशुभ्रां शशियुतजटाजूटमकुटां वरत्रासत्राणस्फटिकघटिकापुस्तककराम्। सकृन्नत्वां नत्वा कथमिव सतां सन्निदधते मधुक्षीरद्राक्षामधुरिमधुरीणाः फणितयः ॥१५॥

अन्वय:- शरज्ज्योत्स्नाशुभ्रां शशियुतजटाजूटमकुटां वरत्रासत्राणस्फटिकघटिकापुस्तककराम् सकृन्नत्वां नत्वा सतां मधुक्षीरद्राक्षामधुरिमधुरीणाः फणितयः कथमिव सन्निदधते।

अर्थ:- शरत्पूर्णिमास्थकौमुदीव शुभ्रवर्णां द्वितीयास्थचन्द्रमायुक्तां जटाजूटमुकुटां भक्तानां कष्टत्राणार्थं अभयवरमुद्रान्वितां स्फाटिकमणिमालापुस्तकधरां तादृशीं त्वाम् अनमस्कुर्वाणः कथं मधुक्षीरनवनीतसदृशीं कवितां कर्तुं शक्नुयात्, न शक्नोति इत्यर्थः।

शरद्कालीन चांदण्यासारखी शुभ्र, चंद्रयुक्त जटाजूट मुकुट धारण केलेली, वर, अभय, स्फटिकमाळ व ग्रंथ धारण करणारी— अशा तुझ्या चरणी एकदाच नमस्कार केल्यावर सज्जनांच्या मुखातून मधु, दूध व द्राक्षरसाहूनही अधिक मधुर वाणी आपोआप कशी काय प्रवाहित होत नाही?

शरद् चंद्रमा के समान उज्ज्वल, चंद्रयुक्त जटाजूट मुकुट वाली, वर, अभय, स्फटिक माला और पुस्तक धारण करने वाली तुम्हें एक बार प्रणाम करने पर सज्जनों की वाणी में मधु, दूध और अंगूर-रस जैसी मधुरता आ जाती है।

कवीन्द्राणां चेतः कमलवनबालातपरुचिं
भजन्ते ये सन्तः कतिचिदरुणामेव भवतीम्।
विरिञ्चिप्रेरस्यास्तरुणतरश्रृङ्गारलहरी
गभीराभिर्वाग्भिः विदधति सतां रञ्जनममी ॥१६॥

पदच्छेद:- कवीन्द्राणां चेतः कमलवनबालातपरुचिं भजन्ते ये सन्तः कतिचिदरुणामेव भवतीम्। विरिञ्चिप्रेरस्यास्तरुणतरश्रृङ्गारलहरी गभीराभिर्वाग्भिः विदधति सतां रञ्जनममी ॥१६॥

अन्वय:- कवीन्द्राणां चेतः कमलवनबालातपरुचिम् अरुणाम् एव भवतीम् ये कतिचन सन्तः भजन्ति विरिञ्चिप्रेरस्यास्तरुणतरश्रृङ्गारलहरीगभीराभिर्वाग्भिः सतां रञ्जनम् अमी विदधति।

अर्थः- कवीन्द्राणां चित्तरूपं कमलवनम् उद्दीपयितुं स्वयम् उद्यमान-आदित्यसदृशाम् अरुणरूपां त्वां यः पुरुषः अल्परूपेणापि भजते सः ब्रह्मप्रियायाः तरुणतरशृङ्गारलहर्याः निर्गताभिः गंभीरकविताभिः सत्पुरुषान् मनोरञ्जयति।

कवींची चित्ते ही कमलवनातील कोवळ्या सूर्यकिरणांसारखी असतात. जे काही संत फक्त तुझ्याच अरुण (तेजस्वी) रूपाचे भजन करतात, ते ब्रह्मप्रेरित, कोवळ्या शृंगारलहरींनी युक्त, गंभीर वाणीने सज्जनांचे मन रमवितात. कुछ संतजन अरुणा (ललिता) देवी का ध्यान करते हुए गहन श्रृंगार-लहरी से युक्त वाणी द्वारा सज्जनों को आनंदित करते हैं।

सावित्रीभिर्वाचां शशिमणिशिलाभङ्गरुचिभिः
वशिन्याद्याभिस्त्वां सह जननि सञ्चिन्तयति यः।
स कर्ता काव्यानां भवति महतां भङ्गिरुचिभिः
वचोभिर्वाग्देविवदनकमलामोदमधुरैः॥१७॥

पदच्छेदः- सावित्रीभिर्वाचां शशिमणिशिलाभङ्गरुचिभिः वशिन्याद्याभिस्त्वां सह जननि सञ्चिन्तयति यः। स कर्ता काव्यानां भवति महतां भङ्गिरुचिभिः वचोभिर्वाग्देविवदनकमलामोदमधुरैः ॥१७॥

अन्वयः- जननि त्वां वाचां यः सावित्रीभिः शशिमणिशिलाभङ्गरुचिभिः वशिन्याद्याभिः सह सञ्चिन्तयति सः भङ्गिरुचिभिःवचोभिर्वाग्देविवदनकमलामोदमधुरैः महतां काव्यानां कर्ता भवति।

अर्थः- वशिन्यादिसावित्रीसहितः यः चन्द्रकान्तमणिः तेन निर्मितमूर्तिरिव शोभमाना त्वमसि, हे जननि यः कश्चित् त्वां ध्यायति सः महतां काव्यानां कर्ता संभवति , तस्य च कविता साक्षात् वाग्देव्याः मुखारविन्दात् निसृता माधुर्ययुक्ता भवति।

सावित्रीसमान तेजस्वी, चंद्रकांत मण्यासारख्या कांतियुक्त, वशिनी आदि वाक्शक्तींनी युक्त अशा तुझ्या स्वरूपाचे जो साधक अंतःकरणात चिंतन करतो, तो श्रेष्ठ काव्यांचा कर्ता होतो— ज्याची वाणी वाक्देवीच्या मुखकमलातून उद्भवलेल्या सुवासासारखी अत्यंत मधुर व रमणीय होते.

जो साधक वशिनी आदि शक्तियों तथा सावित्रीस्वरूप वाणियों के सहित आपका निरन्तर, एकाग्र भाव से चिन्तन करता है, वह निश्चय ही महान् काव्य का रचयिता बन जाता

है। यह कथन केवल काव्यालंकारात्मक प्रशंसा नहीं, अपितु तन्त्र, स्तोत्र और वैदिक वाङ्मय से समर्थित सिद्ध सिद्धान्त है।

श्रीविद्या-परम्परा में वशिनी, कामेश्वरी, मोदिनी, विमला, अरुणा, जयिनी, सर्वेश्वरी और कौलिनी—ये आठ वाग्देवियाँ वाणी की अधिष्ठात्री शक्तियाँ मानी गई हैं। ललिता-सहस्रनाम में इन वाग्देवियों का स्पष्ट उल्लेख प्राप्त होता है, जहाँ वे देवी की दिव्य वाक्-शक्ति की अभिव्यक्ति के रूप में प्रतिष्ठित हैं। शास्त्रों के अनुसार वाणी के चार स्तर माने गए हैं—परा, पश्यन्ती, मध्यमा और वैखरी। इन समस्त स्तरों में चेतना का संचार आद्याशक्ति के द्वारा ही होता है। अतः जो साधक इन वाग्देवियों सहित देवी का ध्यान करता है, उसकी वाणी केवल सामान्य भाषण नहीं रहती, अपितु दिव्य प्रेरणा से संपुष्ट होकर अर्थगर्भिता और माधुर्य से युक्त हो जाती है।

सौन्दर्यलहरी में भी यह प्रतिपादित है कि देवी की कृपा से मूक व्यक्ति भी कवि बन जाता है। वहाँ देवी-चरणामृत अथवा ताम्बूल-रस का पान प्रतीकात्मक रूप से वाक्-सिद्धि का द्योतक है। इसका अभिप्राय यह है कि जब साधक देवी की करुणा और अनुग्रह को आत्मसात् करता है, तब उसकी जिह्वा पर वाणी स्वयं प्रस्फुटित होने लगती है। ऋग्वेद के देवीसूक्त में वाक् स्वयं उद्घोष करती है कि समस्त ज्ञान, प्रज्ञा और सृजन-शक्ति का मूल वही है। इस वैदिक प्रतिपादन के आधार पर तन्त्र-शास्त्रों में भी वाणी को आद्याशक्ति का ही स्वरूप स्वीकार किया गया है। इस प्रकार सावित्रीस्वरूप वाणी के साथ देवी का चिन्तन करना वस्तुतः ज्ञान-शक्ति के मूल स्रोत से तादात्म्य स्थापित करना है।

\फलतः ऐसा साधक केवल पद-रचना नहीं करता, अपितु उसके काव्य में स्वतः ही अर्थ-गाम्भीर्य, रस-संपन्नता, प्रसादगुण और ध्वनि-वैचित्र्य प्रकट होते हैं। उसकी वाणी देवी सरस्वती के मुखकमल के सदृश कोमल, मधुर और हृदयग्राही बन जाती है। यह वाणी श्रोताओं के चित्त को स्पर्श कर उन्हें आनन्द और विस्मय से भर देती है।

तनुच्छायाभिस्ते तरुणतरणिश्रीसरणिभिः
दिवं सर्वामुर्वीमरुणिमनिमग्नां स्मरति यः।
भवन्त्यस्य त्रस्यद्वनहरिणशालीननयनाः
सहोर्वश्या वश्याः कति कति न गीर्वाणगणिकाः ॥१८॥

पदच्छेदः- तनुच्छायाभिस्ते तरुणतरणिश्रीसरणिभिः दिवं सर्वामुर्वीमरुणिमनिमग्नां स्मरति यः। भवन्त्यस्य त्रस्यद्वनहरिणशालीननयनाः सहोर्वश्या वश्याः कति कति न गीर्वाणगणिकाः ॥१८॥

अन्वयः-यः तरुणतरणिश्रीसरणिभिः तनुच्छायाभिः ते सर्वामुर्वीमरुणिमनिमग्नां दिवं स्मरति, कति कति न गीर्वाणगणिकाः त्रस्यद्वनहरिणशालीननयनाः सहोर्वश्या वश्याः अस्य भवन्ति।

अर्थः- तरुणसूर्यस्य कान्तिं धृतवत्याः तव शरीरस्य छाया आकाशं समग्रां पृथिवीं च व्याप्य स्थिता, तादृशस्वरूपयुक्तां त्वां यः स्मरति तस्य वनस्थहरिणीव चञ्चलनयनयुक्ताः स्वर्गस्थाः अप्सरसः अपि वशं यान्ति।

जो साधक वशिनी आदी शक्ती तसेच सावित्रीस्वरूप वाण्यांसह तुमचे अखंड, एकाग्र भावाने चिंतन करतो, तो निश्चितच महान काव्याचा रचनाकार बनतो. हे विधान केवळ काव्यात्मक स्तुती नसून तंत्र, स्तोत्र आणि वैदिक वाङ्मयाने समर्थित असे सिद्ध तत्त्व आहे.

श्रीविद्या परंपरेनुसार वशिनी, कामेश्वरी, मोदिनी, विमला, अरुणा, जयिनी, सर्वेश्वरी आणि कौलिनी या आठ वाग्देवी वाणीच्या अधिष्ठात्री शक्ती मानल्या जातात. ललिता-सहस्रनामामध्ये या वाग्देवींचा स्पष्ट उल्लेख आढळतो. त्या देवीच्या दिव्य वाक्शक्तीचे स्वरूप आहेत. शास्त्रानुसार वाणीचे चार स्तर मानले गेले आहेत—परा, पश्यंती, मध्यमा आणि वैखरी. या सर्व स्तरांमध्ये चेतनेचा संचार आद्याशक्तीमुळेच होतो. त्यामुळे जो साधक या वाग्देवींसह देवीचे ध्यान करतो, त्याची वाणी केवळ सामान्य उच्चार न राहता दिव्य प्रेरणेने परिपुष्ट होते आणि तिच्यात अर्थगांभीर्य व माधुर्य प्रकट होते.

सौन्दर्यलहरीमध्येही असे प्रतिपादन केले आहे की देवीच्या कृपेने स्वभावतः मूक असलेलाही कवी बनतो. तेथे चरणामृत किंवा तांबूल-रस यांचा उल्लेख वाक्सिद्धीचे प्रतीक म्हणून केला आहे. याचा आशय असा की जेव्हा साधक देवीची करुणा आणि अनुग्रह आत्मसात करतो, तेव्हा त्याच्या जिह्वेवर वाणी सहजपणे प्रस्फुटित होते.ऋग्वेदातील देवीसूक्तामध्ये वाक् स्वतःला सर्व ज्ञान आणि सर्जनशक्तीचे मूळ मानते. या वैदिक आधारावर तंत्रपरंपरेतही वाणीला आद्याशक्तीचेच स्वरूप मानले आहे. त्यामुळे सावित्रीस्वरूप वाणीसह देवीचे चिंतन करणे म्हणजे ज्ञानशक्तीच्या मूळ स्रोताशी एकरूप होणे होय. अशा साधकाच्या काव्यात केवळ शब्दरचना नसते, तर त्यात रससमृद्धता, प्रसादगुण, ध्वनिसौंदर्य आणि अर्थगांभीर्य आपोआप प्रकट होते. त्याची वाणी देवी

सरस्वतीच्या मुखकमलाप्रमाणे कोमल, मधुर आणि हृदयस्पर्शी बनते.

जो तुम्हारी अरुण प्रभा को उगते सूर्य के समान समस्त पृथ्वी और आकाश में व्याप्त मानता है, उसके वशीभूत अनेक अप्सराएँ हो जाती हैं।

मुखं बिन्दुं कृत्वा कुचयुगमधस्तस्य तदधो
हरार्धं ध्यायेद्यो हरमहिषि ते मन्मथकलाम्।
स सद्यः सङ्क्षोभं नयति वनिता इत्यतिलघु
त्रिलोकीमप्याशु भ्रमयति रवीन्दुस्तनयुगाम् ॥१९॥

पदच्छेदः- मुखं बिन्दुं कृत्वा कुचयुगमधस्तस्य तदधो हरार्धं ध्यायेद्यो हरमहिषि ते मन्मथकलाम्। स सद्यः सङ्क्षोभं नयति वनिता इत्यतिलघुत्रिलोकीमप्याशु भ्रमयति रवीन्दुस्तनयुगाम् ॥१९॥

अन्वयः- हरमहिषि मुखं बिन्दुं कृत्वा तस्य कुचयुगमधःते मन्मथकलां हरार्धं यः ध्यायेत् स वनिता सद्यः सङ्क्षोभं नयति इत्यतिलघु रवीन्दुस्तनयुगाम् त्रिलोकीम् अपि आशु भ्रमयति।

अर्थः- हे हरमहिषि यः मुखम् बिन्दुं कृत्वा द्वयोः स्तनयोः मध्ये संस्थाप्य हरस्य अर्धभागं ध्यायति अर्थात्तव कामकलाम् ध्यायति स साक्षादेव स्त्रीणां मनसि स्वविषयकं क्षोभं जनयति , अल्पमेवेदं किन्तु सः सूर्यचन्द्रसदृशस्तनयुक्तां त्रिलोकीमपि आटयति।

हे हरमहिषि (शिवपत्नी)! जो साधक तुझ्या कामकलाकौशलाचे ध्यान करतो— मुखाला बिंदु मानून, स्तनयुगल त्याखाली धरून, आणि त्याहून खाली अर्धनारीश्वराचे स्वरूप चिंतन करतो, तो तत्क्षणीच स्त्रियांच्या मनात अत्यंत वेगाने उत्कट आकर्षण उत्पन्न करतो; इतकेच नव्हे तर सूर्य-चंद्रासारख्या स्तनयुगलांनी युक्त तीनही लोकांनाही तो शीघ्र भ्रमित करतो.

जो साधक तुम्हें बिंदु मानकर, नीचे कुचयुगल, उससे नीचे हरार्ध का ध्यान करता है, वह तुरंत ही स्त्रियों को मोहित कर देता है और सूर्य–चंद्र स्तनयुक्त त्रिलोकी को भी विचलित कर देता है।

किरन्तीमङ्गेभ्यः किरणनिकुरुबामृतरसं
हृदित्वामाधत्ते हिमकरशिलामूर्तिमिव यः।
स सर्पाणां दर्पं शमयति शकुन्ताधिप इव
ज्वरप्लुष्टान् दृष्ट्या सुखयति सुधाधारसिरया ॥२०॥

पदच्छेदः- किरन्तीम् अङ्गेभ्यः किरणनिकुरुबामृतरसं हृदित्वामाधत्ते हिमकरशिलामूर्तिम् इव यः। सः सर्पाणां दर्पं शमयति शकुन्ताधिपः इव ज्वरप्लुष्टान् दृष्ट्या सुखयति सुधाधारसिरया ॥२०॥

अन्वयः- यः अङ्गेभ्यः किरन्तीम् किरणनिकुरुबामृतरसं हिमकरशिलामूर्तिमिव त्वां हृदि आधत्ते सः शकुन्ताधिप इव सर्पाणां दर्पं शमयति ज्वरप्लुष्टान् सुधाधारसिरया दृष्ट्या सुखयति।

अर्थः- यः मनुष्यः तवाङ्कात् अमृतरूपकिरणस्रवन्तीं त्वां हृदि आधत्ते चन्द्रकान्तिशिलामूर्तिवत् हृदये च ध्यायति सः गरुड इव सर्पाणां दर्पस्य शमयिता भवति, सुधाधारया आज्ञाचक्रेण नाड्या ज्वरसन्तप्तेभ्यश्च दृष्टिमात्रेण सुखमातनोति।

जो साधक तुझ्या अंगातून प्रसरणाऱ्या असंख्य किरणांच्या अमृतरसाचा वर्षाव अंतःकरणात धारण करतो, आणि तुला चंद्रकांत मण्याच्या थंड, शीतल मूर्तीसारखे अनुभवतो, तो सर्पांच्या गर्वाचा नाश करतो— जसा गरुड सर्पांचा दर्प शमवितो; आणि तापाने होरपळलेल्या प्राण्यांनाही आपल्या दृष्टीनं अमृतधारेसारखे सुख देतो.

जो साधक आपको हिमशिला-प्रतिमा के समान अपने हृदय में स्थिर भाव से धारण करता है, उसके अन्तःकरण में शीतलता, पवित्रता और अविचल स्थैर्य का उदय होता है। "हिमशिला" यहाँ केवल श्वेत वर्ण का बिम्ब नहीं है, अपितु निर्मलता, निर्विकारता और ताप-शमन की शक्ति का प्रतीक है। जिस प्रकार हिम शिला अग्निताप को शांत कर देती है, उसी प्रकार देवी-चिन्तन चित्त के काम, क्रोध और दाहजन्य विकारों का शमन करता है। स्तोत्र-परम्परा, विशेषतः *सौन्दर्यलहरी*, में देवी को शीतल-करुणामयी चैतन्यस्वरूपिणी कहा गया है, जिनका ध्यान साधक के अन्तःकरण को अमृतमय बना देता है। जब साधक आपको हृदय-कमल में प्रतिष्ठित करता है, तब उसके अंगों से अमृतरस की किरणें प्रसारित होने लगती हैं। यहाँ "अमृतरस" दिव्य अनुग्रह, शान्ति और जीवनदायिनी चेतना का प्रतीक है। तन्त्र-परम्परा में यह माना गया है कि देवी-शक्ति का आन्तरिक जागरण साधक के

व्यक्तित्व को दीप्त और कल्याणकारी बना देता है। उसके व्यवहार, वाणी और दृष्टि से ऐसी शीतलता और प्रसादिता प्रकट होती है, जो अन्य प्राणियों के दुःख और संताप को शान्त करती है।

"नागों के गर्व का शमन" भी प्रतीकात्मक अर्थ में ग्राह्य है। नाग यहाँ विष, दर्प और उग्रता के सूचक हैं। देवी को पुराणों में विषहरिणी और भयहारिणी कहा गया है। *देवीभागवतपुराण* में देवी को समस्त संतापों का निवारण करने वाली तथा उग्र शक्तियों को वश में करने वाली बताया गया है। अतः जो साधक देवी-चिन्तन से अमृतमय बनता है, उसके प्रभाव से दर्प, उग्रता और हिंसात्मक प्रवृत्तियाँ स्वतः शान्त हो जाती हैं।

"ज्वर से पीड़ितों को अमृतदृष्टि से सुख देना" का अभिप्राय केवल शारीरिक रोग-निवारण नहीं है, बल्कि मानसिक और आध्यात्मिक ताप के शमन से भी है। आयुर्वेद में ज्वर को दाह और संताप का प्रतीक माना गया है। देवी की कृपादृष्टि को अमृतमयी कहा गया है—ऐसी दृष्टि जो ताप का शमन कर प्राणियों को शान्ति और आनन्द प्रदान करे। ऋग्वेद के देवीसूक्त में वाक् स्वयं को प्राणियों के कल्याण का कारण कहती है; इसी आधार पर शाक्त-परम्परा में देवी को सर्वदुःखनिवारिणी स्वीकार किया गया है।

तटिल्लेखातन्वीं तपनशशिवैश्वानरमयीं
निषण्णां षण्णामप्युपरि कमलानां तव कलाम्।
महापद्माटव्यां मृदितमलमायेन मनसा
महान्तः पश्यन्तो दधति परमाह्लादलहरीम् ॥२१॥

पदच्छेदः- तटिल्लेखातन्वीं तपनशशिवैश्वानरमयीं निषण्णां षण्णाम् अपि उपरि कमलानां तव कलाम्। महापद्माटव्यां मृदितमलमायेन मनसा महान्तः पश्यन्तो दधति परमाह्लादलहरीम् ॥२१॥

अन्वयः- तटिल्लेखातन्वीं तपनशशिवैश्वानरमयीं षण्णां कमलानाम् अपि उपरि तव निषण्णां कलां महापद्माटव्यां मृदितमलमायेन मनसा महान्तः पश्यन्तो परमाह्लादलहरीं दधति।

अर्थः- महान्तः पुरुषाः विद्युतः रेखैव कृशां सूर्याग्निचन्द्राणां त्रिमयीकलां षट्कमलानामुपरि कमलस्य महावने मायायाः विशुद्धमनः कृत्वा तव स्वरूपं पश्यन्तः

परमानन्दलहरीम् आदधते।

वीजेच्या रेषेसारखी सूक्ष्म व तेजस्वी, सूर्य, चंद्र आणि अग्निरूप तेजाने परिपूर्ण, सहाही कमळांच्या (षट्चक्रांच्या) वर विराजमान अशी तुझी कला— मलिनता नष्ट करणाऱ्या शुद्ध व संयमित मनाने महापद्मरूप अरण्यात (सहस्रारात) जे महात्मे दर्शन घेतात, ते अखंड, परम आनंदलहरीत निमग्न होऊन राहतात.

हे देवी! तुम्हारी वह कला, जो बिजली की रेखा-सी सूक्ष्म है, सूर्य–चंद्र–अग्नि से संयुक्त है और छह चक्रों के ऊपर स्थित है, उसे महापुरुष निर्मल मन से ध्यान करते हुए परम आनन्द की लहर में डूब जाते हैं।

भवानि त्वं दासे मयि वितर दृष्टिं सकरुणाम्
इति स्तोतुं वाञ्छन् कथयति भवानि त्वमिति यः।
तदैव त्वं तस्मै दिशसि निजसायुज्यपदवीं
मुकुन्दब्रह्मेन्द्रस्फुटमकुटनीराजितपदाम् ॥२२॥

पदच्छेदः- भवानि त्वं दासे मयि वितर दृष्टिं सकरुणाम् इति स्तोतुं वाञ्छन् कथयति भवानि त्वमिति यः। तदैव त्वं तस्मै दिशसि निजसायुज्यपदवीं मुकुन्दब्रह्मेन्द्रस्फुटमकुटनीराजितपदाम् ॥२२॥

अन्वयः- भवानि त्वं दृष्टिं सकरुणामं मयि दासे वितर इति स्तोतुं वाञ्छन् भवानि त्वमिति यः कथयति, त्वं तदैव तस्मै मुकुन्दब्रह्मेन्द्रस्फुटमकुटनीराजितपदां निजसायुज्यपदवीं दिशसि।

अर्थः- हे भवानि भवती मयि दासे करुणदृष्टिम् आतनोतु इति यः मुमुक्षुः स्तौति, अथ अहं त्वं भवेयम् इति पदं च उच्चारयति तत्काले एव भवती निजसायुज्यपदवीं तस्मै प्रददाति, यत् पदं ब्रह्मविष्णवादिदेवाः अपि स्वमुकुटप्रकाशेन प्रणमन्ति।

हे भवानि! "मी तुझा दास आहे; माझ्यावर करुणादृष्टी टाक" असे स्तवन करण्याची इच्छा धरून जो भक्त "भवानि, तूच आहेस" असे भावपूर्वक उच्चारतो, त्या क्षणीच तू त्याला तुझ्याच स्वरूपाशी ऐक्य पावलेली निजसायुज्यपदवी प्रदान करतेस— जिच्या चरणांना विष्णु, ब्रह्मा व इंद्र आपल्या मुकुटांनी स्पष्टपणे वंदन करतात.

जो भक्त करुण दृष्टि पाने के लिए "हे भवानी, मुझ दास पर कृपा करो" कहकर स्तुति करता है, उसे उसी क्षण तुम विष्णु, ब्रह्मा और इंद्र के मुकुटों से पूजित अपने सायुज्य पद को

प्रदान करती हो।

त्वया हृत्वा वामं वपुरपरितृप्तेन मनसा
शरीरार्धं शम्भोः अपरमपि शङ्के हृतमभूत्।
यदेतत्त्वद्रूपं सकलमरुणाभं त्रिनयनं
कुचाभ्यामानम्रं कुटिलशशिचूडालमकुटम् ॥२३॥

पदच्छेदः- त्वया हृत्वा वामं वपुरपरितृप्तेन मनसा शरीरार्धं शम्भोः अपरमपि शङ्के हृतमभूत्।

यदेतत्त्वद्रूपं सकलमरुणाभं त्रिनयनं कुचाभ्यामानम्रं कुटिलशशिचूडालमकुटम् ॥२३॥

अन्वयः- शम्भोः वामं वपुः हृत्वा अपरितृप्तेन मनसा अपरमपि शरीरार्धं हृतमभूत् शङ्के यत् एतत् त्वद्रूपं सकलम् अरुणाभं त्रिनयनं कुचाभ्याम् आनम्रं कुटिलशशिचूडालमकुटम्।

अर्थः- हे भगवति श्म्भोः वामभागस्थशरीरं हृत्वा किं न तृप्तासि ,शङ्केऽहं यत् द्वितीयार्धम् अपि त्वया हृतं स्यात्। यतः समग्रे शरीरे अरुणवर्णयुक्तं कुचभारेण आनम्रं त्रिनयनं भाति। द्वितीयास्थचन्द्रः अपि केशमुकुटे शोभते।

तू तुझ्या सौंदर्याने शंभूचे डावे अर्धे शरीर हरून घेतलेस; आणि तरीही समाधान न झाल्याने त्याचे उरलेले अर्धेही तू घेतले असावे, असे मला वाटते. कारण तुझे हे संपूर्ण स्वरूप सर्वथा अरुणवर्णीय, त्रिनेत्री, स्तनभाराने किंचित झुकलेले, वाकड्या चंद्राने अलंकृत जटामुकुट धारण करणारे आहे.

मुझे तो ऐसा प्रतीत होता है कि तुमने शिव का वाम अंग पहले ही ले लिया था, और अब संतुष्ट न होकर उनका दूसरा आधा भी ले लिया — इसलिए तुम्हारा रूप पूर्ण अरुण प्रभामय, त्रिनेत्रयुक्त, कुचभार से झुका हुआ तथा चंद्रकला-जटामुकुट से सुशोभित है।

जगत्सूते धाता हरिरवति रुद्रः क्षपयते
तिरस्कुर्वन्नेतत् स्वमपि वपुरीशस्तिरयति।
सदापूर्वः सर्वं तदिदमनुगृह्णाति च शिवः
तवाज्ञामालम्ब्य क्षणचलितयोर्भ्रूलतिकयोः ॥२४॥

पदच्छेदः- जगत्सूते धाता हरिरवति रुद्रः क्षपयते तिरस्कुर्वन् एतत् स्वमपि वपुरीशस्तिरयति।

सदापूर्वः सर्वं तदिदमनुगृह्णाति च शिवः तवाज्ञामालंब्य क्षणचलितयोर्भ्रूलतिकयोः ॥२४॥

अन्वयः- धाता जगत्सूते हरिरवति तिरस्कुर्वन् अपि एतत् स्वं वपुः ईशः स्तिरयति सदापूर्णः शिवः सर्वं तत् इदं तवाज्ञामालंब्य क्षणचलितयोर्भ्रूलतिकयोः अनुगृह्णाति।

अर्थः- ब्रह्मा जगत् सृजति विष्णुः पालयति शिवः संहरति, ईश्वरः सर्वान् तिरस्कुर्वन् स्वं वपुः स्थगयति सदाशब्दपूर्वकः सदाशिवः सर्वान् निगलयति। सर्वाणि चेमानि कार्याणि तव क्षणचपलभ्रुवोः आज्ञामवलम्ब्य एव सर्वे अपि ते प्रवर्तयन्ति।

या विश्वाची निर्मिती ब्रह्मा करतो, पालन विष्णू करतो आणि संहार रुद्र करतो; परंतु ईश्वर स्वतःचेही स्वरूप आवरणाखाली ठेवतो (तिरोभाव करतो). तथापि आदिशिव हे सर्व कार्य तुझ्या भुवयांच्या क्षणिक हालचालींच्या आज्ञेप्रमाणेच करतो.

ब्रह्मा सृष्टि करते हैं, विष्णु पालन करते हैं, रुद्र संहार करते हैं और ईश्वर अपने स्वरूप को भी तिरोहित करते हैं — किंतु यह सब तुम्हारी भौंहों की क्षणिक चेष्टा से, तुम्हारी आज्ञा से ही होता है।

त्रयाणां देवानां त्रिगुणजनितानां तव शिवे
भवेत्पूजा पूजा तव चरणोयोर्या विरचिता।
तथा हि त्वत्पादोद्वहनमणिपीठस्य निकटे
स्थिता ह्येते शश्वत् मुकुलितकरोत्तंसमकुटाः ॥२५॥

पदच्छेदः- त्रयाणां देवानां त्रिगुणजनितानां तव शिवे भवेत् पूजा पूजा तव चरणोयोः या विरचिता। तथा हि त्वत्पादोद्वहनमणिपीठस्य निकटे स्थिता हि एते शश्वत् मुकुलितकरोत्तंसमकुटाः ॥२५॥

अन्वयः- शिवे चरणोयोर्या पूजा विरचिता (तया) त्रिगुणजनितानां त्रयाणां देवानां पूजा भवेत् तथा हि त्वत्पादोद्वहनमणिपीठस्य निकटे मुकुलितकरोत्तंसमकुटाः हि एते शश्वत्स्थिताः।

अर्थः- हे शिवे यत् तव चरणकमलयोः पूजा निर्वर्तते तत्र त्रिगुणानां सत्वात्

तद्विशिष्टगुणयुक्तानां हरिहरब्रह्माणां पूजा स्वयमेव निर्वतिता भवति। अतः इदमुचितमेव यत् ते त्रिदेवाः मणिकृतासनस्य निकटे स्वमुकुटस्य शोभां वर्धयितुं स्थिताः इति।

हे शिवे! त्रिगुणांपासून उत्पन्न झालेल्या ब्रह्मा, विष्णू आणि रुद्र या तिन्ही देवतांची पूजा खरी पूजा तेव्हाच ठरते जेव्हा ती तुझ्या चरणांची पूजा असते. कारण तुझ्या चरणभाराला धारण करणाऱ्या रत्नजडित पीठाजवळ हे तिन्ही देव सदैव हात जोडून, मुकुट खाली घालून नम्रपणे उभे असतात.

हे शिवे !तीनों गुणों से उत्पन्न देवताओं की पूजा तभी पूर्ण होती है जब वह तुम्हारे चरणों में अर्पित की जाती है, क्योंकि वे सदा तुम्हारे चरणपीठ के समीप हाथ जोड़े, मुकुट झुकाए खड़े रहते हैं।

विरिञ्चिः पञ्चत्वं व्रजति हरिराप्नोति विरतिं
विनाशं कीनाशो भजति धनदो याति निधनम्।
वितन्द्री माहेन्द्री विततिरपि सम्मीलितदृशा
महासंसारेऽस्मिन् विहरति सति त्वत्पतिरसौ ॥२६॥

पदच्छेदः- विरिञ्चिः पञ्चत्वं व्रजति हरिःआप्नोति विरतिं विनाशं कीनाशः भजति धनदः याति निधनम्। वितन्द्री माहेन्द्री विततिः अपि सम्मीलितदृशा महासंसारे अस्मिन् विहरति सति त्वत्पतिः असौ ॥२६॥

अन्वयः- विरिञ्चिः पञ्चत्वं व्रजति हरिः विरतिम् आप्नोति कीनाशो विनाशं भजति धनदो निधनं याति वितन्द्री माहेन्द्री विततिरपि सम्मीलितदृशा असौ त्वत्पतिः महासंसारेऽस्मिन् विहरति।

अर्थः- हे सति महाप्रलयकाले ब्रह्मा पञ्चत्वावस्थां प्राप्नोति अर्थात् मरणं प्राप्नोति हरिश्चापि विरतिं प्राप्नोति यमराजोऽपि नश्यति कुबेरादयोऽपि तथा। यश्च कदापि तन्द्रया न बाधितः सोऽपि सहस्रनेत्रात्मा महेन्द्रः स्वकीयं नेत्रं निमीलयति। किन्तु सदाशिवःत्वत्पतिः तत्कालेऽपि विहरति।

हे देवी, या विशाल संसारात — ब्रह्मदेवही नाश पावतो, विष्णूही प्रलयकाळी विश्रांती (निद्रा) घेतो, यमराजालाही विनाश येतो, कुबेराचेही धन नष्ट होते, इंद्राची सर्व शक्तीही शिथिल होते — अशा या परिवर्तनशील जगात **फक्त तुझा पति महादेवच** नित्य, निर्लिप्त

आणि स्थिर स्वरूपात क्रीडारत राहतो.

ब्रह्मा नश्वर हो जाते हैं, विष्णु विश्राम को प्राप्त होते हैं, यम का भी नाश होता है, कुबेर निर्धन हो जाते हैं और इंद्र की शक्ति भी क्षीण हो जाती है — केवल तुम्हारे पति शिव ही इस महान संसार में सदा विहार करते रहते हैं।

जपो जल्पः शिल्पं सकलमपि मुद्रा विरचना
गतिः प्रादक्षिण्यक्रमणमशनाद्याहुतिविधिः।
प्रणामः संवेशः सुखमखिलमात्मार्पणदृशा
सपर्यापर्यायः तव भवतु यन्मे विलसितम् ॥२७॥

पदच्छेदः- जपः जल्पः शिल्प सकलम् अपि मुद्रा विरचना गतिः प्रादक्षिण्यक्रमणमशनादि आहुतिविधिः। प्रणामः संवेशः सुखमखिलम् आत्मार्पणदृशा सपर्यापर्यायः तव भवतु यत् मे विलसितम् ॥२७॥

अन्वयः- जपः जल्पः सकलमपि मुद्रा विरचना शिल्पं गतिः प्रादक्षिण्यक्रमणमशनाद्याहुतिविधिः प्रणामः संवेशः सुखम् अखिलम् आत्मार्पणदृशा सपर्यापर्यायः यन्मे विलसितं तत् तव भवतु।

अर्थः- भाषणं जपवत् मुद्राणां विरचना कर्मकाण्डवत् भ्रमणं प्रदक्षिणावत् भोजनम् आहुतिवत् स्वापः नमस्कारमुद्रावत् सर्वसुखानाम् उपभोगः आत्मसमर्पणदृष्ट्या अर्थात् यो यः ते विलासः सः सकलः पूजाक्रमेणैव स्यात्।

हे देवी, माझे प्रत्येक जप — तोच तुझा जप असो, माझे प्रत्येक बोलणे — तेच तुझे स्तवन असो, माझी प्रत्येक कला — तीच तुझी पूजा असो, माझ्या हातांच्या प्रत्येक हालचाली — त्या तुझ्या मुद्राच असोत, माझी चाल — ती प्रदक्षिणा असो, माझे अन्नग्रहण — तेच यज्ञातील आहुती असो, माझा नमस्कार — तीच शय्या (तुझ्या चरणी शरणागती) असो, माझे सर्व सुख — ते आत्मार्पणाने तुलाच अर्पण केलेले असो. माझ्या जीवनातील प्रत्येक क्रिया तुझी अखंड उपासना ठरो.

मेरा जप, संवाद, कला, हस्तमुद्राएँ, चलना, प्रदक्षिणा, भोजन-अर्पण, प्रणाम, विश्राम और समस्त सुख — सब कुछ आत्मसमर्पण की दृष्टि से तुम्हारी ही पूजा बन जाए।

सुधामप्यास्वाद्य प्रतिभयजरामृत्युहरिणीं
विपद्यन्ते विश्वे विधिशतमखाद्या दिविशदः।
करालं यत्क्ष्वेलं कबलितवतः कालकलना
न शम्भोस्तन्मूलं तव जननि ताटङ्कमहिमा ॥२८॥

पदच्छेदः- सुधाम् अपि आस्वाद्य प्रतिभयजरामृत्युहरिणीं विपद्यन्ते विश्वे विधिशतमखाद्यादिविशदः। करालं यत्क्ष्वेलं कबलितवतः कालकलना न शम्भोः तन्मूलं तव जननि ताटङ्कमहिमा ॥२८॥

अन्वयः- जननि विधिशतमखाद्या दिविशदः सुधाम् अपि आस्वाद्य प्रतिभयजरामृत्युहरिणीं विपद्यन्ते, करालं यत्क्ष्वेलं कबलितवतः कालकलना तत् न शम्भोः तव ताटङ्कमहिमा मूलम्।

अर्थः- हे जननि! इस नश्वर संसार में ब्रह्मा तथा शतमुखादि देवगण अमृत (पीयूष) का पान करने पर भी काल के द्वारा ग्रस लिए जाते हैं। परन्तु आश्चर्य है कि भगवान् शम्भु हालाहल-विष का पान करने के उपरान्त भी काल की गणना में नहीं आते; अर्थात् काल भी उनकी आयु का परिमाण करने में समर्थ नहीं होता। यदि इसके कारण के विषय में प्रश्न किया जाए, तो उसका उत्तर यह है कि यह सब आपकी ताटङ्क-महिमा का प्रभाव है — अर्थात् आपके कर्णाभूषणों (कर्णपुष्पों) की दिव्य महिमा ही शम्भु को कालातीत बना देती है।

हे जननी, अमृतापेक्षाही श्रेष्ठ असलेल्या भय, जरा व मृत्यू नष्ट करणाऱ्या तुझ्या कृपेचा रस आस्वादूनसुद्धा ब्रह्मा, इंद्र इत्यादी देवही या संसारात कधी कधी पतन पावतात. परंतु ज्याने भयंकर हलाहल विष प्राशन करून काळालाही गिळले आहे, अशा महादेवाचे मूळ कारण तुझ्या कर्णभूषणाचा (ताटंकाचा) महिमा आहे!

देवता अमृत पीकर भी भय, जरा और मृत्यु से ग्रस्त होते हैं; शिव ने जो प्रलयकारी विष पिया, उसका भी मूल कारण, हे जननी, तुम्हारे कर्णाभूषण (ताटंक) की महिमा है।

किरीटं वैरिञ्चं परिहरपुरः कैटभभिदः
कठोरे कोटीरे स्खलसि जहि जम्भारिमकुटम्।
प्रणम्रेष्वेतेषु प्रसभमुपयातस्य भवनं
भवस्याभ्युत्थाने तव परिजनोक्तिर्विजयते ॥२९॥

पदच्छेद:- किरीटं वैरिञ्चं परिहरपुरः कैटभभिदः कठोरे कोटीरे स्खलसि जहि जम्भारिमकुटम्। प्रणम्रेषु एतेषु प्रसभम् उपयातस्य भवनं भवस्य अभ्युत्थाने तव परिजनोक्तिः विजयते ॥२९॥

अन्वय:- पुरः वैरिञ्चं कैटभभिदः किरीटं परिहर जम्भारिमकुटम् कठोरे कोटीरे स्खलसि जहि, प्रसभमुपयातस्य भवनं भवस्याभ्युत्थाने प्रणम्रेष्वेतेषु तव परिजनोक्तिर्विजयते।

अर्थ:- भगवन्तं शङ्करम् अकस्मात् स्वभवनं प्रति आगच्छन्तं वीक्ष्य स्वागतीकर्तुं गच्छन्तीं त्वां परिचायिकाः कथयन्ति पुरस्तात् ब्रह्मणः मुकुटात् कैटभहर्तुः विष्णोः मुकुटात् दूरं गच्छ तानि स्खलितानि भविष्यन्ति इति।

हे देवी, ब्रह्मदेवाचा मुकुट खाली टाक, विष्णूचा मुकुट दूर कर आणि इंद्राचा मुकुटही बाजूला सार कारण हे सर्व देव तुझ्या चरणांशी लीन होऊन नम्र झालेले आहेत. जेव्हा ते तुझ्या पती महादेवांच्या उत्थानासाठी तुझ्या भवनात येतात, तेव्हा त्यांना दूर करण्याची आज्ञा देणारी तुझी सेविका हीच खऱ्या अर्थाने विजयी ठरते.

जब भगवान् शंकर अकस्मात् आपके भवन की ओर आगमन करते हुए दृष्टिगोचर होते हैं और आप उनका सादर अभिनन्दन करने के उद्देश्य से अग्रसर होती हैं, तब आपकी परिचारिकाएं विनयपूर्वक आपको निरुद्ध करती हुई कहती हैं कि "आप अग्रभाग में न जाएँ; क्योंकि वहाँ ब्रह्मा तथा कैटभासुर-विनाशक विष्णु अपने-अपने मुकुटों को विनत कर प्रणाम करेंगे, और उस विनति-क्रिया में उनके मुकुट भूमिपतित हो सकते हैं।"

स्वदेहोद्भूताभिः घृणिभिरणिमाद्याभिरभितो
निषेव्ये नित्ये त्वाम् अहमिति सदा भावयति यः।
किमाश्चर्यं तस्य त्रिनयनसमृद्धिं तृणयतो
महासंवर्ताग्निः विरचयति नीराजनविधिम् ॥३०॥

पदच्छेद:- स्वदेहोद्भूताभिः घृणिभिः अणिमाद्याभिः अभितो निषेव्ये नित्ये त्वाम् अहम् इति सदा भावयति यः। किमाश्चर्यं तस्य त्रिनयनसमृद्धिं तृणयतः महासंवर्ताग्निः विरचयति नीराजनविधिम् ॥३०॥

अन्वय:- स्वदेहोद्भूताभिः घृणिभिः अणिमाद्याभिः अभितः नित्ये निषेव्ये यः त्वाम् अहमिति सदा भावयति त्रिनयनसमृद्धिं तृणयतः तस्य महासंवर्ताग्निः नीराजनविधिं

विरचयति किमाश्चर्यम्।

अर्थः- हे निषेव्ये (सेवार्थं योग्ये) नित्ये तव शरीरात् आगच्छतः अणिमादिसिद्धितुल्यकिरणात् परिवृतः यः भक्तः अहम् त्वम् इति भावयति, त्रिनयनस्य समृद्धिम् अपि तृणवत् चिन्तयति, तस्य पुरुषस्य संवर्ताग्निः अपि नीराजनं करोति इत्यत्र को वा विशेषः।

जो साधक तुझ्या शरीरातून प्रकट झालेल्या अणिमा इत्यादी सिद्धींनी तुला सर्व बाजूंनी नित्य सेवित मानतो आणि "मी" असा अहंकार सोडून तुझ्यातच सतत लीन राहतो, त्याच्यासाठी तीन नेत्रांचा महादेवही तुच्छ ठरतो, आणि प्रलयाग्नी स्वतःच त्याची आरती करतो — यात आश्चर्य ते काय?

जो साधक तुम्हें अपनी देह से उत्पन्न अणिमा आदि शक्तियों सहित नित्य सेवित मानता है, उसके लिए त्रिनेत्रधारी शिव की महिमा भी तृण समान हो जाती है तब महाप्रलयाग्नि भी उसकी आरती करने लगती है।

चतुःषष्ट्या तन्त्रैः सकलमभिसन्धाय भुवनं
स्थितस्तत्तत्सिद्धिप्रसवपरतन्त्रैः पशुपतिः।
पुनस्त्वन्निर्बन्धात् अखिलपुरुषार्थैकघटना
स्वतन्त्रं ते तन्त्रं क्षितितलमवातीतरदिदम् ॥३१॥

पदच्छेदः- चतुःषष्ट्या तन्त्रैः सकलम् अभिसन्धाय भुवनं स्थितः तत्तत्सिद्धिप्रसवपरतन्त्रैः पशुपतिः। पुनः त्वन्निर्बन्धात् अखिलपुरुषार्थैकघटना स्वतन्त्रं ते तन्त्रं क्षितितलम् अवातीतरत् इदम् ॥३१॥

अन्वयः- पशुपतिः तत्तत्सिद्धिप्रसवपरतन्त्रैः चतुःषष्ट्या तन्त्रैः सकलमभिसद्धाय भुवनं स्थितः पुनः अखिलपुरुषार्थैकघटना त्वन्निर्बन्धात् क्षितितलमवातीतरत् इद ते तन्त्रं स्वतन्त्रम्

अर्थः- भगवान् पशुपतिः चतुष्षष्टितन्त्रद्वारा समग्रं भुवनं पूरयित्वा सिद्धिद्वयं यच्छति। यच्च प्रत्येकं स्वविषयं करोति तच्च तवाग्रहादेव। येन च स्वपुरुषार्थस्य सिद्धिः भवेत्।

हे देवी, चौसष्ट तंत्रांनी बांधलेला हा विश्वविस्तार महादेव विविध सिद्धी निर्माण करणाऱ्या तंत्रांच्या अधीन राहून चालवत होते. पण तुझ्या इच्छेने सर्व पुरुषार्थ (धर्म, अर्थ, काम, मोक्ष) एकत्र देणारे तुझे स्वतंत्र तंत्र या पृथ्वीवर अवतरले.

भगवान पशुपति (शिव) ने चौंसठ तन्त्रों द्वारा समस्त विश्व की सिद्धियों की रचना की; परन्तु हे देवी! आपके आग्रह से उन्होंने ऐसा तन्त्र प्रकट किया, जो अकेला ही समस्त पुरुषार्थों (धर्म, अर्थ, काम, मोक्ष) की सिद्धि करने वाला है, और वही तन्त्र इस पृथ्वी पर प्रतिष्ठित हुआ।

शिवः शक्तिः कामः क्षितिरथ रविः शीतकिरणः
स्मरो हंसः शक्रः तदनु च परामारहरयः।
अमी हृल्लेखाभिः तिसृभिरवसानेषु घटिताः
भजन्ते वर्णास्ते तव जननि नामावयवताम् ॥३२॥

पदच्छेदः- शिवः शक्तिः कामः क्षितिरथरविः शीतकिरणः स्मरः हंसः शक्रः तदनु च परामारहरयः। अमी हृल्लेखाभिः तिसृभिः अवसानेषु घटिताः भजन्ते वर्णाः ते तव जननि नामावयवताम् ॥३२॥

अन्वयः- जननि शिवः शक्तिः कामः क्षितिरथ रविः शीतकिरणः स्मरो हंसः शक्रः तदनु च परामारहरयः अमी हृल्लेखाभिः घटिताः वर्णाः तिसृभिरवसानेषु तव नामावयवतां ते भजन्ते।

अर्थः- शिवः शक्तिः कामः क्षितिः रविः शीतकिरणः(चन्द्रः) स्मरो हंसः शक्रः तथा च परमाशक्तिः एतेषाम् अन्ते हृल्लेखा इति योजयित्वा साधकगणाः तव नाम सङ्कीर्तनं कुर्वन्ति।

शिव, शक्ती, कामदेव, पृथ्वी, सूर्य, चंद्र, मन, हंस, इंद्र आणि विष्णू — हे सर्व तुझ्या नामातील अक्षरांचेच प्रकट रूप आहेत, हे जननी! तीन हृल्लेखा (बीजशक्ती) यांच्या योगाने तुझे नाव परिपूर्ण झालेले आहे.

हे जननि! शिव, शक्ति, कामदेव (स्मर), पृथ्वी, सूर्य, चन्द्रमा, हंस, इन्द्र तथा विष्णु—ये समस्त देवतत्त्व वास्तव में स्वतंत्र सत्ता के रूप में नहीं, अपितु आपके परम नाम के अक्षरों में निहित त्रिविध हृल्लेखाओं (ह्रीं-बीज के त्रिसंयोजन) के रूप में प्रतिष्ठित हैं। तांत्रिक आगमों में 'ह्रीं' बीज को महामाया, भुवनेश्वरी तथा पराशक्ति का सर्वप्रधान बीज कहा गया है। इस बीज के प्रत्येक वर्ण—'ह्', 'र्', 'ई' तथा बिन्दु—अपने-अपने विशिष्ट तत्त्व का द्योतक हैं।

'ह्' अक्षर शिवतत्त्व का बोधक है, 'र्' अग्नि अथवा क्रियाशक्ति का, 'ई' पराशक्ति अथवा मायाशक्ति का तथा बिन्दु समस्त सृष्टि के कारणभूत परब्रह्म का प्रतीक है। जब यह ह्रीं-बीज त्रिवार आवृत्त होकर नामरूप में प्रतिष्ठित होता है, तब उसमें सृष्टि, स्थिति और संहार—ये त्रिविध कार्य समाहित हो जाते हैं। इसी कारण त्रिपुरा, त्रिगुण, त्रिलोक तथा त्रिकाल—इन सबका आधार एक ही पराशक्ति मानी गई है।

शाक्तागमों तथा श्रीविद्या-परम्परा में यह प्रतिपादित है कि सम्पूर्ण देवसमूह शक्ति के विविध आविर्भाव मात्र हैं। शिव बिना शक्ति के शवस्वरूप कहे गए हैं—"शिवः शक्त्या युक्तो यदि भवति शक्तः प्रभवितुं" इति प्रसिद्धम्। अतः शिव स्वयं आपके नाम के एक अंश में स्थित तत्त्व हैं।

कामदेव (स्मर) सृष्टि की प्रेरक कामशक्ति का प्रतीक है; सूर्य चेतना और प्रकाश का; चन्द्रमा शीतलता और मन का; पृथ्वी स्थूल जगत् का आधार; हंस प्राण तथा परमहंस तत्त्व का द्योतक; इन्द्र इन्द्रिय-समूह और दैवी ऐश्वर्य का प्रतिनिधि; तथा विष्णु पालन-शक्ति के रूप में प्रतिष्ठित हैं। परन्तु ये सब तत्त्व जब ह्रीं-बीज की त्रिविध रचना में समाहित होते हैं, तब स्पष्ट होता है कि इनकी सत्ता स्वतंत्र नहीं, अपितु आद्याशक्ति के नामाक्षरों में अन्तर्निहित है। देवी-तत्त्व के इस रहस्य का प्रतिपादन तंत्रग्रन्थों, विशेषतः देवीमहात्म्य तथा ललिता सहस्रनाम में भी दृष्टिगोचर होता है, जहाँ देवी को ब्रह्मा, विष्णु और रुद्र की जननी कहा गया है। श्रीविद्या परम्परा में त्रिपुरासुन्दरी को 'त्रिकोणनिलया', 'त्रिगुणात्मिका' और 'त्रिपुरेशी' कहकर उनके नाम में ही सम्पूर्ण देवतत्त्वों की अन्तर्भावना स्वीकारी गई है। हे जननी! आपके नाम के अक्षर केवल ध्वनिमात्र नहीं हैं, वे समस्त देवताओं के बीजरूप, समस्त तत्त्वों के आधार तथा सम्पूर्ण सृष्टि-चक्र के रहस्यमय केन्द्र हैं। शिव, शक्ति, विष्णु, इन्द्र, सूर्य, चन्द्र, पृथ्वी और कामदेव—ये सभी आपके नाम की त्रिहल्लेखा में अवस्थित होकर अपनी-अपनी शक्ति पाते हैं। वस्तुतः नाम और नामिनी में भेद नहीं; आपके नाम का जप ही सम्पूर्ण देवमण्डल की उपासना के तुल्य है।

स्मरं योनिं लक्ष्मीं त्रितयमिदमादौ तव मनो:
निधायैके नित्ये निरविधिमहाभोगरसिका:।
भजन्ति त्वां चिन्तामणिगुणनिबद्धाक्षवलया:
शिवाग्नौ जुह्वन्तः सुरभिघृतधाराहुतिशतैः॥३३॥

पदच्छेदः- स्मरं योनिं लक्ष्मीं त्रितयम् इदम् आदौ तव मनोः निधाय एके नित्ये निरविधिमहाभोगरसिकाः। भजन्ति त्वां चिन्तामणिगुणनिबद्धाक्षवलयाः शिवाग्नौ जुह्वन्तः सुरभिघृतधाराहुतिशतैः ॥३३॥

अन्वयः- नित्ये स्मरं योनिं लक्ष्मीं त्रितयमिदमादौ तव मनोः निधाय एके निरविधिमहाभोगरसिकाः चिन्तामणिगुणनिबद्धाक्षवलयाः सुरभिघृतधाराहुतिशतैः शिवाग्नौ जुह्वन्तः त्वां भजन्ति।

अर्थः- हे नित्ये स्मरं योनिं लक्ष्मीं त्रीन् अपि मन्त्रादौ संस्थाप्य निरविधिमहाभोगस्य रसिकाः तव भक्ताः चितामणिभिः ग्रथितमालया त्वां भजन्ते त्रिकाग्निहवनकुण्डे च गोघृतद्वारा शतशः आहुतीः क्षिपन्ति।

कामबीज, योनीबीज आणि लक्ष्मीबीज — हे तिन्ही बीज तुझ्या मनात प्रथम स्थापन करून महान योगी अमर सुखाचा रस उपभोगतात. रुद्राक्षमाळेने युक्त होऊन ते तुझे ध्यान करतात आणि शिवाग्नीत सुवासिक तुपाच्या असंख्य आहुती अर्पण करतात.

कुछ साधक आपके मन के आदि में स्थित स्मर, योनि और लक्ष्मी इस त्रय का ध्यान करते हुए, चिन्तामणि-गुणों से युक्त जपमाला धारण कर, शिवाग्नि में सुगन्धित घृत की सैकड़ों आहुतियाँ देते हुए, नित्य महान भोग-रस में स्थित रहते हैं।

शरीरं त्वं शम्भोः शशिमिहिरवक्षोरुहयुगं
तवात्मानं मन्ये भगवति नवात्मानमनघम्।
अतः शेषः शेषीत्ययमुभयसाधारणतया
स्थितः सम्बन्धो वां समरसपरानन्दपरयोः ॥३४॥

पदच्छेदः- शरीरं त्वं शम्भोः शशिमिहिरवक्षोरुहयुगं तव आत्मानं मन्ये भगवति नवात्मानम् अनघम्। अतः शेषः शेषी इत्ययमुभयसाधारणतया स्थितः वां समरसपरानन्दपरयोः ॥३४॥

अन्वयः- भगवति त्वं शम्भोः शशिमिहिरवक्षोरुहयुगं शरीरं तवात्मानं नवात्मानमनघम् मन्ये अतः शेषः शेषीत्ययमुभयसाधारणतया वां समरसपरानन्दपरयोः सम्बन्धो स्थितः।

अर्थः- हे भगवति त्वया अहं शम्भुम् एव चिन्तयामि , तव वक्षस्थले सूर्यचन्द्राख्यौ द्वौ स्तनौ विलसतः। तव आत्मना च समग्रस्य भवस्य नवात्मानमेव साक्षात्करोमि। अतः तव

पराशक्तेः शिवस्य च ऐक्यं सिदिधमेव। अत एव शेषशेषिवत् सम्बन्धःय़

हे भगवती, शिवाचे शरीर म्हणजे तूच आहेस — चंद्र व सूर्य जणू तुझे दोन स्तन आहेत असे मी मानतो. तुझे नव स्वरूप, निष्पाप आत्मतत्त्व आणि शिव —हे दोघेही शेष–शेषी (आधार–आधारित) या नात्याने अद्वैत आनंदात एकरूप झालेले आहेत.

हे भगवति! आप ही शम्भु का देहस्वरूप हैं; आपसे पृथक् उनका कोई स्वतंत्र अस्तित्व नहीं है। जिस प्रकार अग्नि और उसकी दाहिका शक्ति में भेद की कल्पना केवल बुद्धि की सीमित दृष्टि से होती है, उसी प्रकार शिव और शक्ति का भेद भी केवल व्यवहारिक है, तात्त्विक नहीं। चन्द्र और सूर्य, जो समस्त जगत् के प्रकाश और कालचक्र के नियामक माने जाते हैं, आपके स्तनयुगल के समान कल्पित हैं—अर्थात् समस्त विश्व-व्यवस्था आपकी करुणा और पोषण-शक्ति से ही संचालित होती है। मैं आपको शम्भु का नव-निर्मल आत्मस्वरूप मानता हूँ—वह आत्मतत्त्व जो नित्य, शुद्ध, बुद्ध और मुक्त है।

इस प्रकार शेष (शक्ति) और शेषी (शिव) का सम्बन्ध परमानन्द में एकरस होकर स्थित है। यहाँ 'शेष' का अभिप्राय उस गतिशील, सृजनात्मक ऊर्जा से है, जो समस्त विश्व का विस्तार करती है; और 'शेषी' वह आधारभूत, अखण्ड चेतन सत्ता है, जिसमें समस्त शक्ति आश्रित है। दोनों का यह अभेद सम्बन्ध ही परमानन्द का मूल है। शैव-आगमों में स्पष्ट कहा गया है कि शिव बिना शक्ति के 'शव' के समान निष्क्रिय हैं; अतः सृष्टि, स्थिति और संहार—इन समस्त क्रियाओं का मूलाधार शक्ति ही है, परंतु वह शक्ति शिव से अभिन्न है।

इसी अद्वैत तत्त्व की मूर्त अभिव्यक्ति **अर्धनारीश्वर** की संकल्पना में प्राप्त होती है। अर्धनारीश्वर वह दिव्य स्वरूप है जिसमें शिव और पार्वती एक ही देह में समन्वित रूप से प्रतिष्ठित हैं। शास्त्रों में इसका वर्णन विशेषतः शिव पुराण तथा लिंग पुराण में मिलता है, जहाँ सृष्टि के आदिकाल में शिव द्वारा अपनी अर्धांगिनी शक्ति को अपने ही स्वरूप में समाविष्ट कर एकात्मभाव से स्थित होने का निरूपण किया गया है।

अर्धनारीश्वर का दाहिना भाग सामान्यतः शिव का तथा बायाँ भाग शक्ति का माना जाता है। यह व्यवस्था केवल मूर्तिकला की कलात्मक योजना नहीं, अपितु एक गूढ़ दार्शनिक संकेत है—दाहिना भाग पुरुष-तत्त्व (चेतना) का, और बायाँ भाग प्रकृति-तत्त्व (सृजन-शक्ति) का प्रतीक है। दोनों का यह संयोग दर्शाता है कि विश्व की समस्त गति, परिवर्तन और सृजन-क्रम चेतना और शक्ति के अभिन्न संयोग से ही संभव है।

इस सिद्धान्त की काव्यमयी एवं स्तुतिपरक अभिव्यक्ति अर्धनारीश्वर स्तोत्र में प्राप्त होती

है, जिसका एक प्रसिद्ध श्लोक इस प्रकार है—

चाम्पेयगौरार्धशरीरकायै कर्पूरगौरार्धशरीरकाय।
धम्मिल्लकायै च जटाधराय नमः शिवायै च नमः शिवाय॥

इस स्तोत्र में एक ही देह में स्थित 'शिवायै' (देवी) और 'शिवाय' (देव) को संयुक्त रूप से नमस्कार किया गया है। यहाँ 'नमः शिवायै च नमः शिवाय'—यह द्वंद्वात्मक वंदना वस्तुतः अद्वैत की उद्घोषणा है। यह संकेत करती है कि शिव और शक्ति में कोई वास्तविक द्वैत नहीं, वरन् दोनों एक ही परम तत्त्व के दो परस्पर-पूरक आयाम हैं।

दार्शनिक दृष्टि से अर्धनारीश्वर की संकल्पना यह प्रतिपादित करती है कि परमसत्ता में न तो केवल पुरुषत्व की प्रधानता है, न केवल स्त्रीत्व की; अपितु दोनों का समन्वित ऐक्य ही पूर्णता है। यह रूप सामाजिक और आध्यात्मिक दोनों स्तरों पर संतुलन, सामंजस्य और समता का आदर्श प्रस्तुत करता है।

अतः हे भगवति! जब आपको शम्भु का आत्मस्वरूप कहा जाता है, तब उसका तात्पर्य यही है कि आप दोनों परमानन्द में एकरस, अविभाज्य और अभिन्न रूप से स्थित हैं। अर्धनारीश्वर का दिव्य स्वरूप इसी अनन्त ऐक्य, अद्वैत और समरसता का साक्षात् प्रतीक है—जहाँ न शिव बिना शक्ति हैं, न शक्ति बिना शिव; दोनों मिलकर ही परम ब्रह्म के पूर्ण प्रकाशस्वरूप हैं।

मनस्त्वं व्योम त्वं मरुदसि मरुत्सारथिरसि
त्वमापस्त्वं भूमिः त्वयि परिणतायां न हि परम्।
त्वमेव स्वात्मानं परिणमयितुं विश्ववपुषा
चिदानन्दाकारं शिवयुवति भावेन बिभृषे ॥३५॥

पदच्छेदः:- मनः त्वं व्योम त्वं मरुदसि मरुत्सारथिः असि त्वम् आपः त्वं भूमिः त्वयि परिणतायां न हि परम्। त्वम् एव स्वात्मानं परिणमयितुं विश्ववपुषा चिदानन्दाकारं शिवयुवति भावेन बिभृषे ॥३५॥

अन्वयः:- शिवयुवति त्वं मनः त्वं व्योम त्वं मरुदसि मरुत्सारथिरसि त्वम् आपः त्वं भूमिः

त्वयि परिणतायां न हि परम् त्वमेव स्वात्मानं विश्ववपुषा परिणमयितुं चिदानन्दाकारं भावेन बिभृषे।

अर्थः- हे शिवयुवति त्वं मनः त्वम् आकाशः त्वं वायुसारथिः वह्निः त्वं जलं त्वं भूमिः। त्वमेव विश्वरूपेण परिणमसे। त्वत्परिणतिव्यतिरिक्तं किमपि नास्ति। समग्रं विश्वमेव तव परिणामभूतम्। त्वं स्वात्मानं चिदानन्दाकारेण विराट्वपुषा व्यक्तीकरोषि।

मन तूच आहेस, आकाशही तूच, वायूही तूच आणि त्याचा नियंत्रकही तूच, पाणी आणि पृथ्वीही तूच तुझ्याशिवाय काहीही अस्तित्वात नाही. तूच स्वतःला या विश्वरूपाने व्यक्त करून शिवरूप चेतना आणि आनंद स्त्रीस्वरूपात धारण करतेस।

हे शिवयुवति! समस्त तत्त्वों की मूलाधार शक्ति तुम ही हो। सूक्ष्म से सूक्ष्म मनस्तत्त्व से लेकर स्थूल पंचमहाभूतों तक जो कुछ भी दृश्य और अदृश्य रूप में विद्यमान है, वह सब तुम्हारे ही स्वरूप का विस्तार है। यह सम्पूर्ण जगत् तुम्हारे ही परिणामस्वरूप प्रकट हुआ है। तुम्हारे परिणाम से भिन्न कोई स्वतंत्र सत्ता नहीं है; त्वत्परिणतिव्यतिरिक्तं किमपि नास्ति। जो कुछ भी प्रत्यक्ष या परोक्ष रूप से अनुभवगम्य है, वह सब तुम्हारी ही शक्ति का विविध रूपों में आविर्भाव है। यह चराचर जगत्, स्थावर-जङ्गम भेद से युक्त यह सम्पूर्ण सृष्टि, तुम्हारी चिद्रूपिणी शक्ति का ही विस्तार है। तुम अपने स्वात्मस्वरूप को चिदानन्दमय विराट्-वपुषा अभिव्यक्त करती हो। तुम्हारा परमस्वरूप चैतन्य और आनन्द से परिपूर्ण है, और वही चिदानन्दस्वभाव जब विश्वरूप में व्यक्त होता है, तब विराट्-सत्ता के रूप में यह समग्र ब्रह्माण्ड प्रकाशित होता है।

इस सिद्धान्त का वेदसम्मत आधार देवी सूक्तम्, जो ऋग्वेद के दशम मण्डल में स्थित है, के प्रथम मन्त्र में प्रत्यक्षतया उपलब्ध होता है। वहाँ देवी स्वयं उद्घोष करती हैं—**"अहं रुद्रेभिर्वसुभिश्चरामि... अहं मित्रावरुणोभा बिभर्मि..."।** यहाँ 'अहम्' शब्द का पुनरावर्तन अत्यन्त दार्शनिक है; यह सीमित अहंता का नहीं, अपितु सर्वात्मभाव का द्योतक है। देवी यह नहीं कहतीं कि वे किसी एक देवता की अधिष्ठात्री हैं, अपितु वे समस्त रुद्रों, वसुओं, आदित्यों और विश्वदेवों में विचरती हैं। इससे यह सिद्ध होता है कि देवता भी उनकी चेतना-शक्ति के आश्रित हैं।

विशेषतः 'बिभर्मि' अर्थात् "मैं धारण करती हूँ"—यह पद अत्यन्त गूढ़ार्थसम्पन्न है। धारण करने का अर्थ है आधार प्रदान करना, अस्तित्व को स्थिर रखना, सामर्थ्य देना। अतः मित्र, वरुण, इन्द्र, अग्नि और अश्विनीकुमार—ये सभी देवतागण देवी की शक्ति से ही समर्थ

हैं। जब देवताओं की सत्ता ही देवी पर आश्रित है, तब पंचमहाभूत, मन, बुद्धि तथा सम्पूर्ण प्रकृति का देवी-आश्रित होना स्वयंसिद्ध हो जाता है।

अतः जब कहा जाता है—"त्वमेव विश्वरूपेण परिणमसे"—तो उसका अभिप्राय यही है कि यह सम्पूर्ण विश्व देवी की चैतन्यशक्ति का ही बहुविध आविर्भाव है। देवी स्वयं को सर्वव्यापिनी सत्ता के रूप में उद्घोषित करती हैं; उनका 'अहम्' ब्रह्मस्वरूपिणी चेतना का प्रत्यक्ष उद्घोष है। वही चेतना जब नाम-रूपात्मक जगत् के रूप में व्यक्त होती है, तब विराट्सत्ता के रूप में यह समग्र ब्रह्माण्ड प्रकाशित होता है

तवाज्ञाचक्रस्थं तपनशशिकोटिद्युतिधरं
परं शम्भुं वन्दे परिमिलितपार्श्वं परचिता।
यमाराध्यन् भक्त्या रविशशिशुचीनामविषये
निरालोकेऽलोके निवसति हि भालोकभुवने ॥३६॥

पदच्छेदः- तवाज्ञाचक्रस्थं तपनशशिकोटिद्युतिधरं परं शम्भुं वन्दे परिमिलितपार्श्वं परचिता। यमाराध्यन् भक्त्या रविशशिशुचीनामविषये निरालोकेऽलोके निवसति हि भालोकभुवने ॥३६॥

अन्वयः- तवाज्ञाचक्रस्थं तपनशशिकोटिद्युतिधरं परं शम्भुं परिमिलितपार्श्वं वन्दे, परचिता भक्त्या यमाराध्यन् रविशशिशुचीनामविषये निरालोकेऽलोके हि भालोकभुवने निवसति।

अर्थः- तव आज्ञाचक्रस्थाय सूर्यचन्द्रादीनां कोटिकिरणयुक्ताय शिवाय मम प्रणतिः, यस्य वामपार्श्वं पराचित्येकीभूतं, तादृशं यः पुरुषः भक्तिपूर्वकं ध्यायति सः तादृशे प्रकाशमाने लोके रमते। यत्र सूर्यचन्द्राग्नयः विषयारोपेण न प्रवर्तन्ते। अर्थात् सर्वेपि आतङ्कात् मुक्ताः भवन्ति।

हे देवी, तुझ्या आज्ञाचक्रात स्थित सूर्य-चंद्र कोटींच्या तेजाने दीप्त असलेल्या परब्रह्म शिवाला मी वंदन करतो, ज्याची उपासना केल्यावर साधक अंधारातही प्रकाश पाहतो आणि भ्रूमध्यातील तेजस्वी लोकात वास करतो.

मैं आज्ञाचक्र में स्थित, सूर्य-चन्द्र करोड़ों की प्रभा से युक्त, परब्रह्म शिव को प्रणाम करता हूँ, जो परम चेतना के साथ संयुक्त हैं। जिनकी भक्ति से साधक सूर्य-चन्द्र-अग्नि से परे, भाल-लोक (आज्ञाचक्र) में निवास करता है।

विशुद्धौ ते शुद्धस्फटिकविशदं व्योमजनकं
शिवं सेवे देवीम् अपि शिवसमानव्यवसिताम्।
ययोः कान्त्या यान्त्याः शशिकिरणसारूप्यसरणेः
विधूतान्तर्ध्वान्ता विलसति चकोरीव जगती ॥३७॥

पदच्छेदः- विशुद्धौ ते शुद्धस्फटिकविशदं व्योमजनकं शिवं सेवे देवीम् अपि शिवसमानव्यवसिताम्। ययोः कान्त्या यान्त्याः शशिकिरणसारूप्यसरणेः विधूतान्तर्ध्वान्ता विलसति चकोरीव जगती ॥३७॥

अन्वयः- ते विशुद्धौ शुद्धस्फटिकविशदं व्योमजनकं शिवम् अपिशिवसमानव्यवसितां देवीं सेवे। ययोः कान्त्या यान्त्याः शशिकिरणसारूप्यसरणेः विधूतान्तर्ध्वान्ता जगती चकोरीव विलसति।

अर्थः- त्वदीये विशुद्धे चक्रे आकाशतत्त्वस्य जनकस्य शुद्धस्फटिकवच्छिवस्य तत्सदृश्याः सुव्यवस्थितायाः देव्याश्च सेवां करोमि। ययोश्च शिवशक्त्योः कान्त्या समग्रं जगत् अन्धकाराद्विनिवर्त्य चन्द्रालोकपिपासुचकोरी इव आनन्दितं भवति।

हे देवी, तुझ्या विशुद्ध चक्रात स्वच्छ स्फटिकासारखा तेजस्वी आकाशस्वरूप शिव मी उपासतो, ज्यांच्या संयुक्त तेजाने संपूर्ण जग चंद्रप्रकाशात न्हालेल्या चकोरीसारखे आनंदित होते.

आपके विशुद्ध चक्र में, जो आकाशतत्त्व का अधिष्ठान है, वहाँ आकाशतत्त्व के जनक, शुद्ध स्फटिक के समान निर्मल, निष्कलुष एवं प्रकाशस्वरूप शिव स्थित हैं; और उनके सदृश दिव्य प्रभा से युक्त, सुशोभित तथा सुव्यवस्थित रूप में अवस्थित देवी भी वहाँ विराजमान हैं। उन शिव और शक्ति इन दोनों की मैं सेवा (उपासना) करता हूँ।"

विशुद्ध चक्र कण्ठप्रदेश में स्थित वह चक्र है, जिसका सम्बन्ध आकाशतत्त्व से माना गया है। आकाश समस्त तत्त्वों में सूक्ष्मतम और व्यापकतम है; उसी प्रकार यहाँ स्थित शिव भी सर्वव्यापक, निर्मल एवं चेतनस्वरूप माने गए हैं। उन्हें शुद्ध स्फटिक के समान कहा गया है, क्योंकि स्फटिक में कोई विकार या मलिनता नहीं हो ती वह पूर्ण पारदर्शी और प्रकाशग्राही होता है। इसी प्रकार शिव भी निरुपाधिक, निष्कलंक और परमशुद्ध चैतन्यस्वरूप हैं।उनके साथ जो देवी स्थित हैं, वे शक्ति का प्रतीक हैं अर्थात् वही चेतना की क्रियाशील अभिव्यक्ति हैं। शिव तत्त्व जहाँ निष्क्रिय चैतन्य का द्योतक है, वहीं शक्ति उसकी

गतिशीलता और सृजनात्मक सामर्थ्य का रूप है। इस प्रकार विशुद्ध चक्र में शिव और शक्ति का यह ऐक्य तत्त्व और ऊर्जा, चेतना और क्रिया, आधार और अभिव्यक्ति इन दोनों के अभेद संबंध को सूचित करता है। शिव–शक्तियों की कान्ति से सम्पूर्ण जगत् का अन्धकार दूर हो जाता है। यहाँ अन्धकार का अर्थ केवल बाह्य तम नहीं, अपितु अज्ञान, मोह और अविद्या से भी है। जैसे चकोरी पक्षी चन्द्रमा के प्रकाश की पिपासा रखती है और चन्द्रालोक पाकर आनन्दित होती है, उसी प्रकार यह जगत् शिव–शक्ति की दिव्य आभा से आलोकित होकर आनन्दमय हो उठता है।

समुन्मीलत्संवित्कमलमकरन्दैकरसिकं
भजे हंसद्वन्द्वं किमपि महतां मानसचरम्।
यदालापादष्टादशगुणितविद्यापरिणतिः
यदादत्ते दोषात् गुणमखिलमद्भ्यः पय इव ॥३८॥

पदच्छेदः:- समुन्मीलत्संवित्कमलमकरन्दैकरसिकं भजे हंसद्वन्द्वं किमपि महतां मानसचरम्। यदालापादष्टादशगुणितविद्यापरिणतिः यदादत्ते दोषात् गुणमखिलमद्भ्यः पय इव ॥३८॥

अन्वयः:- समुन्मीलत्संवित्कमलमकरन्दैकरसिकं हंसद्वन्द्वं किमपि महतां मानसचरम् भजे यदालापादष्टादशगुणितविद्यापरिणतिः दोषात् गुणमखिलमद्भ्यः पय इव यदादत्ते।

अर्थः – हृद्देशे संवित्पङ्कजात् विकसन्तौ मकरन्दरसिकौ हंसयुगलरूपकौ भजे। यौ च महतां पुरुषाणां मानससरोवररूपे मनसि विहरतः। ययोश्च वार्ताविप्रलापःअष्टादशानां विद्यानां व्याख्यानमेव। यौ च सर्वविधदोषेभ्यः अपि हंसक्षीरन्यायवत् गुणान् शोधयतः। तादृशशिवशक्ती अहं नमामि।

मी त्या दिव्य हंसयुगुलाचे ध्यान करतो जे महापुरुषांच्या मनात विहार करते, चेतनेच्या कमळातील मधुर रसात रममाण असते. त्यांच्या संवादाने अठरा विद्यांचा विकास होतो आणि दोषही गुणात बदलतो जसे पाणी दूध बनते.

साधक उस अद्भुत हंस-युगल का भजन करता है, जो हृदयदेश में विकसित संवित्-कमल से प्रस्रवित ज्ञानरूप मकरन्द का एकमात्र आस्वादक है। 'संवित्' का अर्थ शुद्ध ज्ञान है। यह हंस-युगल महापुरुषों के मनरूपी मानसरोवर में विहार करता है। इनके पारस्परिक संवाद से

अष्टादश विद्याओं की व्याख्या प्रकट होती है। हंस-युगल के संवाद से योगियों में अष्टादश विद्याओं का प्रकाश होता है; मानो उनका परस्पर वार्तालाप ही समस्त शास्त्रों की व्याख्या बन जाता है। इन विद्याओं में वेदाङ्ग, वेद, मीमांसा, न्याय, पुराण, धर्मशास्त्र तथा उपवेदादि का समावेश है। यह ज्ञान हृदयस्थ दिव्य चेतना से प्रकट होता है। परम्परा में हंस-युगल को एक दीपशिखा के समान अभिन्न ज्योति कहा गया है, जिसके दक्षिण और वाम भाग क्रमशः हंसेश्वर और हंसेश्वरी माने जाते हैं। इनका ध्यान हृदय-पद्म के मध्य में करना शास्त्रसम्मत माना गया है। ये दोषों से गुणों को उसी प्रकार पृथक् कर लेते हैं, जैसे हंस जलमिश्रित दूध में से केवल दूध ग्रहण कर लेता है। यह संवित्-कमल द्वादशारयुक्त अनाहत् चक्र से भिन्न अष्टदल पद्म है। अनाहत् चक्र जहाँ मुमुन्ना (सूक्ष्म नाड़ी-प्रदेश) में स्थित माना गया है, वहीं यह अष्टदल संवित्-कमल वक्षःस्थल में स्थित है। बृहदारण्यकोपनिषद् में भी इसका वर्णन मिलता है, वह इस प्रकार है:-

मनोमयोयं पुरुषो भाःसत्यस्तस्मिन्नन्तहृदये यथा ब्रीहि-वर्वा यत्रो वा स एष सर्वस्येशानः सर्वस्याधिपतिः सर्वमिदं प्रशास्ति यदिदं किंच ॥ (५, ६, १)

तव स्वाधिष्ठाने हुतवहमधिष्ठाय निरतं
तमीडे संवर्तं जननि महतीं तां च समयाम्।
यदा लोके लोकान् दहति महति क्रोधकलिते
दयार्द्रा या दृष्टिः शिशिरमुपचारं रचयति ॥३९॥

पदच्छेदः:- तव स्वाधिष्ठाने हुतवहमधिष्ठाय निरतं तमीडे संवर्तं जननि महतीं तां च समयाम्। यदा लोके लोकान् दहति महति क्रोधकलिते दयार्द्रा या दृष्टिः शिशिरमुपचारं रचयति ॥३९॥

अन्वयः:- जननि तव स्वाधिष्ठाने हुतवहमधिष्ठाय निरतं महतीं तां च समयां तं संवर्तम् ईडे, महति क्रोधकलिते यदा लोके लोकान् दहति महति या दयार्द्रा दृष्टिः शिशिरमुपचारं रचयति।

अर्थः – हे जननि तव स्वाधिठानचक्रे अग्नितत्त्वस्य प्रभावम् अधिष्ठातुं यः संवर्ताग्निर्भवति, तं महतीं समयां च स्तौम्। यदा संवर्ताग्निः अत्यन्तं क्रोधेन लोकान् ज्वालयितुं प्रभवति, तदा समाया देवी तं क्रोधं स्वकीयशीतलोपचारेण शमयति।

हे जननी, तुझ्या स्वाधिष्ठान चक्रात अग्नितत्त्वावर अधिष्ठित त्या प्रचंड शक्तीला मी वंदन करतो, जिचा कोप संपूर्ण लोकांना जाळतो पण करुणेने ओलावलेली तिची दृष्टि शीतल औषध बनते.

हे जननि! स्वाधिष्ठान चक्र में स्थित अग्नि को अधिष्ठित करने वाली उस महान संवर्त शक्ति की मैं स्तुति करता हूँ जब वह क्रोध से जगत को दग्ध करती है, तब आपकी करुणा-आर्द्र दृष्टि शीतल उपचार प्रदान करती है। कुण्डलिनी-शक्ति के जागरण का परम फल समाधि की अवस्था है, जिसमें चित्त पूर्णतः लय को प्राप्त होता है। लययोग तथा षट्चक्र-वेध इस साधना के प्रमुख अंग माने गए हैं। प्रतिप्रसवक्रम का अर्थ है सृष्टि-क्रम के विपरीत क्रम से तत्त्वों का पुनः कारण में विलयन। योगी इसी क्रम का आश्रय लेकर पंचमहाभूतों पर विजय प्राप्त करता है। जैसे प्रलयकाल में स्थूल तत्त्व क्रमशः सूक्ष्म में लीन होते हुए अन्ततः प्रकृति में विलीन हो जाते हैं, वैसे ही साधक आन्तरिक साधना द्वारा तत्त्वातीत अवस्था को प्राप्त होता है।

तडित्वन्तं शक्त्या तिमिरपरिपन्थिस्फुरणया
स्फुरन्नानारत्नाभरणपरिणद्धेन्द्रधनुषम्।
तव श्यामं मेघं कमपि मणिपूरैकशरणं
निषेवे वर्षन्तं हरमिहिरतप्तं त्रिभुवनम् ॥४०॥

पदच्छेदः- तडित्वन्तं शक्त्या तिमिरपरिपन्थिस्फुरणया स्फुरन्नानारत्नाभरणपरिणद्धेन्द्रधनुषम्। तव श्यामं मेघं कमपि मणिपूरैकशरणं निषेवे वर्षन्तं हरमिहिरतप्तं त्रिभुवनम् ॥४०॥

अन्वयः- शक्त्या तिमिरपरिपन्थिस्फुरणया तडित्वन्तं स्फुरन्नानारत्नाभरणपरिणद्धेन्द्रधनुषम् तव श्यामं मेघं कमपि मणिपूरैकशरणं वर्षन्तं हरमिहिरतप्तं त्रिभुवनं निषेवे।

अर्थः –तव मणिपुराख्ये चक्रं शरणं गतः श्यामरूपाख्यः मेघवा जलदः, तमपि नमस्करोमि। तस्य अन्धकारस्य परिपन्थिनी विद्युत् राजते। तदाभरणत्वेन च इद्रधनुः नानारत्नैः विराजते। स च अग्निसूर्याभ्यां सन्तप्तं त्रिभुवनं वर्षया पुष्णाति।

हे देवी, मणिपूर चक्रात स्थित विद्युत्किरणांनी उजळलेला, अंधार नष्ट करणाऱ्या शक्तीने

इंद्रधनुष्याने सजलेला, तुझा श्यामल मेघस्वरूप शिव मी ध्यान करतो जो सूर्यतप्त त्रैलोक्यावर कृपावृष्टी करतो।

मैं उस मणिपूर-चक्रस्थ श्याम-मेघस्वरूप दिव्य तत्त्व का ध्यानपूर्वक सेवन करता हूँ, जो विद्युत् के समान दीप्तिमान तथा अन्धकार-विनाशिनी शक्ति से संयुक्त है। जो नानाविध रत्नाभरणों से विभूषित होकर इन्द्रधनुष के सदृश मनोहर आभा से शोभायमान है। जो सूर्य के प्रखर ताप से संतप्त त्रिभुवनरूप देह पर अमृतमयी वर्षा कर शीतलता एवं जीवनरस का संचार करता है। वह मेघेश्वर-तत्त्व शिव–शक्ति के संयुक्त प्रकाश का प्रतीक है, जो साधक के अन्तःकरण को पावन और पोषित करता है। मणिपूर चक्र में शिव–शक्ति का ध्यान क्रमशः मेघेश्वर और सौदामिनी के रूप में निर्दिष्ट है। अधोभाग में स्थित स्वाधिष्ठानस्थ अग्नि तथा ऊर्ध्व स्थित सूर्य के ताप से देहरूपी त्रिभुवन संतप्त होता है। उस उष्णता से जल वाष्पीकृत होकर मणिपूर में मेघस्वरूप धारण करता है और उनमें विद्युत् सदृश तेज प्रकट होता है, जिसे मेघेश्वर एवं सौदामिनी कहा गया है। इन दोनों के संयोग से वर्षा के समान अमृतरूप रस की धारा प्रवाहित होती है। इस प्रकार साधक के शरीर में प्राणशक्ति का पोषण एवं आन्तरिक सिंचन सम्पन्न होता है।

तवाधारे मूले सह समयया लास्यपरया
नवात्मानं मन्ये नवरसमहाताण्डवनटम्।
उभाभ्यामेताभ्याम् उदयविधिमुद्दिश्य दयया
सनाथाभ्यां जज्ञे जनकजननीमज्जगदिदम् ॥४१॥

पदच्छेदः- तवाधारे मूले सहसमयया लास्यपरया नवात्मानं मन्ये नवरसमहाताण्डवनटम्। उभाभ्यामेताभ्याम् उदयविधिमुद्दिश्य दयया सनाथाभ्यां जज्ञे जनकजननीमज्जगदिदम् ॥४१॥

अन्वयः- तव मूले आधारे लास्यपरया सहसमयया नवात्मानं नवरसमहाताण्डवनटं मन्ये उभाभ्यामेताभ्यां सनाथाभ्याम् उदयविधिमुद्दिश्य दयया जनकजननीमज्जगदिदं जज्ञे।

अर्थः तव मूलाधारे लास्यपरया नृत्यं कुर्वत्या समयादेव्या सह नवरसपूर्णं ताण्डवनिपुणं नवात्मानं शिवं मनसा स्मराम्यहम्। एताभ्यां द्वाभ्याम् एव जनकजनीभ्यां सनाथं जगत् स्वात्मानं मनुते।

हे देवी, तुझ्या मूलाधार चक्रात लास्यपर शक्तीसह नव रसांनी युक्त नटराजस्वरूप शिव नृत्य करीत आहे असे मला भासते. या दोघांच्या करुणामय संयोगातूनच हे संपूर्ण जग आई–वडिलांप्रमाणे उत्पन्न झाले आहे.

हे देवि! मूलाधार चक्र में आप अपनी सहचर शक्ति के साथ लास्य में लीन होकर स्थित हैं। मैं आपको नौ रसों से सम्पन्न महान ताण्डव करने वाले नवस्वरूप नटराज के रूप में मानता हूँ। आप दोनों की करुणा से ही इस जगत की उत्पत्ति हुई इसलिए यह संसार माता पिता से युक्त होकर सुरक्षित है।

गतैर्माणिक्यत्वं गगनमणिभिः सान्द्रघटितं
किरीटं ते हैमं हिमगिरिसुते कीर्तयति यः।
स नीडेयच्छायाच्छुरणशबलं चन्द्रशकलं
धनुः शौनासीरं किमिति न निबध्नाति धिषणाम् ॥४२॥

पदच्छेदः- गतैर्माणिक्यत्वं गगनमणिभिः सान्द्रघटितं किरीटं ते हैमं हिमगिरिसुते कीर्तयति यः। स नीडेयच्छायाच्छुरणशबलं चन्द्रशकलं धनुः शौनासीरं किमिति न निबध्नाति धिषणाम् ॥४२॥

अन्वयः- हिमगिरिसुते ते माणिक्यत्वं सान्द्रघटितं गगनमणिभिः गतैः हैमं किरीटं यः कीर्तयति, स नीडेयच्छायाच्छुरणशबलं चन्द्रशकलं शौनासीरं धनुः धिषणाम् किमिति न निबध्नाति।

अर्थः – हे हिमगिरि सुते यो मनुष्यः सुवर्णकिरीटं वर्णयेत् सः एवं कुतो न चिन्तयेत् , यत् इदं साक्षत् इद्रधनुः इति। यतः तत् किरीटं गगनमणिभिः अर्थात् तारागणैः घटितम्। यच्च चन्द्रमसः खण्डनिर्मितस्य पक्षिणः नीडमिव भाति। यच्च उषाकालीनप्रकाशे अत्यन्तं शोभागानं दृश्गते।

हे हिमालयकन्ये, तुझे सुवर्णमुकुट रत्नांनी जडलेले आकाशच जणू वाटते. त्यावर असलेला
चंद्रकोर व इंद्रधनुष्य माणसाच्या बुद्धीला आकर्षित न करतील — असे कसे होईल?

हे हिमगिरि-पुत्रि! आपका स्वर्णमय मुकुट, आकाश-मणियों (रत्नों) से जडित होकर प्रकाशित होता है। उसमें स्थित चन्द्रकला और इन्द्रधनुष-समान शोभा मन को क्यों न बाँध

ले ऐसा कौन है जिसकी बुद्धि इससे आकृष्ट न हो?

धुनोतु ध्वान्तं नः तुलितदलितेन्दीरवनं
घनस्निग्धश्लक्ष्णं चिकुरनिकुरुम्बं तव शिवे।
यदीयं सौरभ्यं सहजमुपलब्धुं सुमनसो
वसन्त्यस्मिन्मध्ये बलमथनवाटीविटपिनाम् ॥४३॥

पदच्छेदः- धुनोतु ध्वान्तं नः तुलितदलितेन्दीरवनं घनस्निग्धश्लक्ष्णं चिकुरनिकुरुम्बं तव शिवे। यदीयं सौरभ्यं सहजमुपलब्धुं सुमनसो वसन्त्यस्मिन्मध्ये बलमथनवाटीविटपिनाम् ॥४३॥

अन्वयः- शिवे तव तुलितदलितेन्दीरवनं घनस्निग्धश्लक्ष्णं चिकुरनिकुरुम्बं ध्वान्तं नः धुनोतु, यदीयं सुमनसः सौरभ्यं सहजमुपलब्धुं बलमथनवाटीविटपिनाम् अस्मिन् वसन्ति।

अर्थः- हे शिवे तव गहनकोमलादिगुणयुक्तकेशाः विकसितइन्दीवरवनमिव प्रतिभासमानाः अस्मदीयमज्ञानं निवर्तयन्तु। यत्र च इन्द्रवाटिकावृक्षस्थानि पुष्पाणि ग्रथितानि स्वात्मानं सुगन्धयितुं समायान्ति। इन्द्रवाटिकायाः पुष्पाणां निवासस्थलमेव तत्केशाः इत्यर्थः।

हे शिवे, तुझे घनदाट, मृदू, सुगंधी केस अज्ञानाचा अंधार नष्ट करो.ज्या सुगंधासाठी फुलांच्या परागाने वेडे झालेले भुंगे वसंतात फुलझाडांत गुंततात — तोच सुगंध तुझ्या केशांत आहे.

हे शिवे! आपके घने, चिकने, सुगन्धित केश-समूह हमारे अज्ञानरूपी अन्धकार को नष्ट करें। जिनकी प्राकृतिक सुगन्ध पाने के लिए पुष्प तक मानो वसन्त-वाटिका के वृक्षों में निवास करते हैं।

तनोतु क्षेमं नः तव वदनसौन्दर्यलहरी-
परीवाहस्रोतः सरणिरिव सीमन्तसरणिः।
वहन्ती सिन्दूरं प्रबलकबरीभारतिमिर-
द्विषां बृन्दैर्बन्धीकृतमिव नवीनार्ककिरणम् ॥४४॥

पदच्छेदः- तनोतु क्षेमं नः तव वदनसौन्दर्यलहरी- परीवाहस्रोतः सरणिरिव सीमन्तसरणिः। वहन्ती सिन्दूरं प्रबलकबरीभारतिमिर-द्विषां बृन्दैर्बन्धीकृतमिव नवीनार्ककिरणम् ॥४४॥

अन्वयः- तव वदनसौन्दर्यलहरीपरीवाहस्रोतः सरणिरिव सीमन्तसरणिः परीवाहस्रोतः प्रबलकबरीभारतिगिरद्विषां बृन्दैर्बन्धीकृतमिव नवीनार्ककिरणम् , सिन्दूरं वहन्ती नः क्षेमं तनोतु।

अर्थः- तव मुखसौन्दर्यलहर्याः प्रवाहस्रोतमार्गसदृशं सिन्दूरं दृश्यमानं केशेषु अस्माकं क्षेमं प्रकल्पयेत्। या केशानां सीमान्तसरणिः सा शत्रुभ्यः भारमयान्धकारप्रलयवत् उदीयमानादित्यवत् प्रतिभाति।

तुझ्या कपाळावरील सिंदूररेषा नव्या उगवत्या सूर्यकिरणांसारखी अज्ञानाच्या अंधाराला बांधून टाकणारी आहे. तुझ्या मुखसौंदर्याची लहरी आम्हाला कल्याण देओ.

आपके मुख-सौन्दर्य की तरंगें हमारे लिए कल्याणकारी हों। आपकी माँग में बहता सिन्दूर ऐसा प्रतीत होता है जैसे नवीन सूर्य-किरणें, जो घने केशों के अन्धकार को बाँधकर रखती हैं।

अरालैः स्वाभाव्यात् अलिकलभसश्रीभिरलकैः
परीतं ते वक्त्रं परिहसति पङ्केरुहरुचिम्।
दरस्मेरे यस्मिन् दशनरुचिकिञ्जल्करुचिरे
सुगन्धौ माद्यन्ति स्मरदहनचक्षुर्मधुलिहः ॥४५॥

पदच्छेदः- अरालैः स्वाभाव्यात् अलिकलभसश्रीभिरलकैः परीतं ते वक्त्रं परिहसति पङ्केरुहरुचिम्। दरस्मेरे यस्मिन् दशनरुचिकिञ्जल्करुचिरे सुगन्धौ माद्यन्ति स्मरदहनचक्षुर्मधुलिहः ॥४५॥

अन्वयः- स्वाभाव्यात् अलिकलभसश्रीभिरलकैः अरालैः परीतं ते वक्त्रं पङ्केरुहरुचिम् परिहसति, स्मरदहनचक्षुर्मधुलिहः यस्मिन् दशनरुचिकिञ्जल्करुचिरे दरस्मेरे सुगन्धौ माद्यन्ति।

अर्थः- स्वाभाविकयोः अरालभ्रूवोः कान्तियुक्तयोः अलकावलिपरिवृतं तव मुखकमलं कमलजन्यशोभामपि क्षोभं जनयति परिहासपात्रतां गमयतीत्यर्थः। यस्माच्च स्फटिकसदृशकान्तियुक्तदन्तेभ्यः समुत्पन्नेन स्मितहासेन आगम्यमानात्सुगन्धात् कामदग्धुः

शिवस्यापि भ्रमरतुल्ये नेत्रे आनन्दिते एव भवतः।

तुझ्या वळणदार अलकांनी वेढलेले मुखकमल कमळालाही लाजवते. तुझ्या सौम्य हास्यातून दातांच्या प्रकाशात कामदेवाला जाळणाऱ्या शिवाच्या नेत्रातील मधमाशीही मद्यपान करते.

स्वभाव से घुँघराले, भौंरे-जैसे शोभायमान आपके केशों से घिरा आपका मुख कमल की कान्ति को भी हँसी में उड़ा देता है। आपकी मंद मुस्कान में दाँतों की केसर-जैसी चमक से सुगन्धित मधु छलकता है, जिसे कामदेव को भस्म करने वाले शिव के नेत्र भी पीने को आतुर हो जाते हैं।

ललाटं लावण्यद्युतिविमलमाभाति तव यत्
द्वितीयं तन्मन्ये मकुटघटितं चन्द्रशकलम्।
विपर्यासन्यासात् उभयमपि सम्भूय च मिथः
सुधालेपस्यूतिः परिणमति राकाहिमकरः ॥४६॥

पदच्छेदः- ललाटं लावण्यद्युतिविमलमाभाति तव यत् द्वितीयं तन्मन्ये मकुटघटितं चन्द्रशकलम्। विपर्यासन्यासात् उभयमपि सम्भूय च मिथः सुधालेपस्यूतिः परिणमति राकाहिमकरः ॥४६॥

अन्वयः- तव यत् ललाटं लावण्यद्युतिविमलमाभाति तत् द्वितीयं मकुटघटितं चन्द्रशकलं मन्ये, उभयमपि विपर्यासन्यासात् मिथः च सम्भूय राकाहिमकरः सुधालेपस्यूतिः परिणमति।

अर्थः- लावण्यकान्तियुतप्रतिभसमानं तव यल्ललाटं, तस्मिन् मुकुटे विद्यमानां चन्द्रमसः द्वितीयकलां ध्यायामि। या च विपर्यासन्यासात्सम्भूय एकरूपत्वं गतत्वात् अमृतलेपाच्च साक्षात् पूर्णचन्द्रमाः इव प्रतीयते।

तुझे तेजस्वी ललाट मुकुटातील चंद्रकोरीसारखे भासते. दोन्ही एकत्र येऊन अमृताने न्हालेल्या पूर्णचंद्रासारखी शोभा निर्माण करतात.

आपका ललाट लावण्य की उज्ज्वल ज्योति से प्रकाशित है मैं उसे मुकुट में जड़ी हुई दूसरी चन्द्रकला मानता हूँ। दोनों (ललाट और चन्द्रकला) परस्पर उलट-पुलट होकर मानो पूर्णिमा के चन्द्रमा की अमृतमयी शोभा बन जाते हैं।

भ्रुवौ भुग्ने किञ्चित् भुवनभयभङ्गव्यसनिनि
त्वदीये नेत्राभ्यां मधुकररुचिभ्यां धृतगुणम्।
धनुर्मन्ये सव्येतरकरगृहीतं रतिपतेः
प्रकोष्ठे मुष्टौ च स्थगयति निगूढान्तरमिमे ॥४७॥

पदच्छेदः- भ्रुवौ भुग्ने किञ्चित् भुवनभयभङ्गव्यसनिनि त्वदीये नेत्राभ्यां मधुकररुचिभ्यां धृतगुणम्। धनुर्मन्ये सव्येतरकरगृहीतं रतिपतेः प्रकोष्ठे मुष्टौ च स्थगयति निगूढान्तरमिमे ॥४७॥

अन्वयः- भुवनभयभङ्गव्यसनिनि नेत्राभ्यां मधुकररुचिभ्यां त्वदीये भ्रुवौ किञ्चित् भुग्ने धृतगुणं सव्येतरकरगृहीतं रतिपतेः धनुर्मन्ये, निगूढान्तरमिमे प्रकोष्ठे मुष्टौ च स्थगयति।

अर्थः- हे जगतः भयापहरणेन सम्प्राप्तानन्दे उमे! तव उभयोः भ्रुवोः अकृतिः साक्षात् कामदेवस्य हस्ते विद्यमानधनुषा उपमातुं शक्यते। यस्य च धनुषः प्रत्यञ्चा भ्रमरवत्तव नेत्राभ्यां निर्मिता। तस्य च मध्यभागः मुष्ट्याः मध्यभागे निहितः।

तुझ्या किंचित वाकलेल्या भुवया संसारातील भय दूर करणाऱ्या आहेत. तुझे डोळे मधमाशांसारखे मोहक आहेत. मला वाटते तेच कामदेवाचे धनुष्य आहे जे त्याच्या हातात आहे.

हे भुवन-भय-भञ्जिनि! आपकी किंचित् झुकी हुई भौंहें और मधुमक्खी-जैसी कान्ति वाले नेत्र इनसे युक्त वह धनुष है, जिसे मैं कामदेव के हाथ में धारण किया हुआ मानता हूँ। आपकी भुजा और मुट्ठी मानो उसके गूढ़ रहस्य को ढँक लेती हैं।

अहः सूते सव्यं तव नयनमर्कात्मकतया
त्रियामां वामं ते सृजति रजनीनायकतया।
तृतीया ते दृष्टिः दरदलितहेमाम्बुजरुचिः
समाधत्ते सन्ध्यां दिवसनिशयोरन्तरचनीम् ॥४८॥

पदच्छेदः- अहः सूते सव्यं तव नयनमर्कात्मकतया त्रियामां वामं ते सृजति रजनीनायकतया।

तृतीया ते दृष्टिः दरदलितहेमाम्बुजरुचिः समाधत्ते सन्ध्यां दिवसनिशयोरन्तरचनीम् ॥४८॥

अन्वय:- तव नयनमर्कात्मकतया सव्यम् अहः सूते ते त्रियामां वामं रजनीनायकतया सृजति ते तृतीया दृष्टिः दरदलितहेमाम्बुजरुचिः दिवसनिशयोरन्तरचनीं सन्ध्यां समाधत्ते।

अर्थ:- तव दक्षिणभागस्य नेत्रस्य सूर्यात्मकत्वात् दिनं सृज्यते वामस्य च चन्द्रात्मकतात् रत्रिः सृज्यते। हेमकमलवच्छोभायुक्ता तृतीया दृष्टिश्च साक्षात् संध्येव शोभते।

तुझा उजवा डोळा सूर्यस्वरूप दिवस निर्माण करतो, डावा डोळा चंद्रस्वरूप रात्र निर्माण करतो, आणि तिसरा डोळा संध्याकाळ —दिवस व रात्र यांचा संगम निर्माण करतो.

आपका दायाँ नेत्र सूर्यस्वरूप होकर दिन की रचना करता है, बायाँ चन्द्रस्वरूप होकर रात्रि उत्पन्न करता है। आपकी तीसरी दृष्टि स्वर्ण-कमल के समान दमकती हुई दिन और रात के बीच सन्ध्या की स्थापना करती है।

विशाला कल्यानी स्फुटरुचिरयोध्या कुवलयैः
कृपाधाराधारा किमपि मधुराभोगवतिका।
अवन्ती दृष्टिस्ते बहुनगरविस्तारविजया
ध्रुवं तत्तन्नामव्यवहरणयोग्या विजयते ॥४९॥

पदच्छेद:- विशाला कल्यानी स्फुटरुचिरयोध्या कुवलयैः कृपाधाराधारा किमपि मधुराभोगवतिका। अवन्ती दृष्टिस्ते बहुनगरविस्तारविजया ध्रुवं तत्तन्नामव्यवहरणयोग्या विजयते ॥४९॥

अन्वय:-ते दृष्टिः बहुनगरविस्तारविजया अवन्ती विशाला कल्यानी स्फुटरुचिरयोध्या कुवलयैः कृपाधाराधारा किमपि मधुराभोगवतिका ध्रुवं तत्तन्नामव्यवहरणयोग्या विजयते।

अर्थ:- तव दृष्टिः साक्षात् नगरी इव विशाला कल्याणकरी च अस्ति। कल्याणदायकत्वात् कमलशोभया उपमितत्वाच्च अयोध्या, कृपाधारा।वर्षति इति कृत्वा धारा, मधुररसयुक्तत्वात् मथुरा, भोगवती सर्वरक्षणत्वात् अवन्तिका, अनेकनगराणां विस्तारकत्वात् विजया। निश्चयेन अनेकैः नगरवाचकशब्दैः वाच्यमानत्वात् अनेकेषां सन्देहानां हरिणी इति भाति अर्थात् प्रत्येकमपि नाम त्वयि भावपूर्णं विद्यते सङ्गच्छते।

हे कल्याणी, तुझी विशाल व करुणामय दृष्टि अयोध्या, अवंतीसारख्या सर्व नगरे जिंकणारी आहे. ती ज्या ज्या नावाने ओळखली जाते ती त्या त्या नावाला सार्थ ठरवते.

आपकी दृष्टि विशाल, कल्याणकारी, उज्ज्वल, करुणा की धारा से युक्त, मधुर आनन्द से परिपूर्ण और अनेक नगरों को विजय करने वाली है। इसलिए आपकी दृष्टि के प्रत्येक रूप को अलग-अलग नामों से पुकारा जाना निश्चय ही उचित है।

कवीनां सन्दर्भस्तबकमकरन्दैकरसिकं
कटाक्षव्याक्षेपभ्रमरकलभौ कर्णयुगलम्।
अमुञ्चन्तौ दृष्ट्या तव नवरसास्वादतरलौ
असूयासंसर्गात् अलिकनयनं किञ्चिदरुणम् ॥५०॥

पदच्छेद:- कवीनां सन्दर्भस्तबकमकरन्दैकरसिकं कटाक्षव्याक्षेपभ्रमरकलभौ कर्णयुगलम्।

अमुञ्चन्तौ दृष्ट्या तव नवरसास्वादतरलौ असूयासंसर्गात् अलिकनयनं किञ्चिदरुणम् ॥५०॥

अन्वय:- कवीनां सन्दर्भस्तबकमकरन्दैकरसिकं कटाक्षव्याक्षेपभ्रमरकलभौ कर्णयुगलम् तव दृष्ट्या नवरसास्वादतरलौ अमुञ्चन्तौ असूयासंसर्गात् किञ्चिदरुणम् अलिकनयम्।

अर्थ:- कवीनां कविताभिः स्तावकैश्च उत्पद्यमानसुगन्धैः रसिककर्णयोः साहचर्यं अत्यजत् विस्तीर्णं ते नेत्रद्वयं नवानां रसानाम् आस्वादनार्थं व्याकुलं चञ्चलं च वीक्ष्य तृतीयं नेत्रं ईर्ष्याम् अनुभवति। अतः एव रक्तरञ्जितमेव तद् भाति।

तुझे कान म्हणजे कवींनी रचलेल्या काव्यरसाच्या मधाने आनंदित झालेले भुंगे आहेत. ते तुझ्या कटाक्षरूपी नृत्यात रमून नवरसांचा आस्वाद घेतात आणि किंचित मत्सराने त्यांचे डोळे लालसर होतात.

कवियों के भाव-पुंज के मकरन्द का रसास्वादन करने वाले आपके दोनों कान, कटाक्ष-विक्षेप से भ्रमर-शावक के समान चंचल हैं। आपकी दृष्टि से नवरस का आस्वादन करते हुए वे ईर्ष्या के संसर्ग से मानो किंचित् लाल हो उठते हैं।

शिवे श्रृङ्गारार्द्रा तदितरजने कुत्सनपरा
सरोषा गङ्गायां गिरिशचरिते विस्मयवती।
हराहिभ्यो भीता सरसिरुहसौभाग्यजयिनी
सखीषु स्मेरा ते मयि जननि दृष्टिः सकरुणा ॥५१॥

पदच्छेद:- शिवे श्रृङ्गारार्द्रा तदितरजने कुत्सनपरा सरोषा गङ्गायां गिरिशचरिते विस्मयवती।

हराहिभ्यो भीता सरसिरुहसौभाग्यजयिनी सखीषु स्मेरा ते मयि जननि दृष्टिः सकरुणा ॥५१॥

अन्वय:- जननि शिवे श्रृङ्गारार्द्रा तदितरजने कुत्सनपरा सरोषा गङ्गायां गिरिशचरिते विस्मयवती सरसिरुहसौभाग्यजयिनी हराहिभ्यो सखीषु स्मेरा ते दृष्टिः सकरुणा मयि ॥

अर्थ:- हे जननि तव दृष्टिः शिवं प्रति तु शृङ्गारार्द्रा किन्तु इतरजने कुत्सनपरा गङ्गायां सरोषा शिवस्य चरित्रेषु विस्मयकारिणी, शिवसर्पात् भीता, कमलशोभां पराजयन्ती, सखीषु च् स्मितवदना। कृपया मयि ते करूणदृष्टिः स्यादिति प्रर्थना।

हे शिवे, तुझे डोळे शिवाकडे प्रेमाने ओथंबलेले, इतरांवर तुच्छता दाखवणारे, गंगेकडे थोडे रागीट, शिवाच्या चरित्राकडे विस्मयाने पाहणारे, नागांपासून भयभीत, कमळांच्या सौंदर्यावर विजय मिळवणारे, सखींकडे हसरे, आणि माझ्याकडे — हे जननी — करुणेने भरलेले आहेत.

हे माता! शिव के प्रति तुम्हारी दृष्टि श्रृंगार-रस से आर्द्र है, अन्य लोगों के दोषों पर वह तिरस्कारपूर्ण होती है, गंगा में वह क्रोध से भरी हुई है, और गिरिराज (शिव) के चरित्र में विस्मय से युक्त है। सर्पों से भयभीत, कमल की शोभा को जीतने वाली, सखियों के बीच मुस्कराती हुई ऐसी करुणामयी दृष्टि मुझ पर भी पड़ने दो, हे जननी।

गते कर्णाभ्यर्णं गरुत इव पक्ष्माणि दधती
पुरां भेत्तुश्चित्तप्रशमरसविद्रावणफले।
इमे नेत्रे गोत्रादरपतिकुलोत्तंसकलिके
तवाकर्णाकृष्टस्मरशरविलासं कलयतः ॥५२॥

पदच्छेद:- गते कर्णाभ्यर्णं गरुत इव पक्ष्माणि दधती पुरां भेत्तुश्चित्तप्रशमरसविद्रावणफले। इमे नेत्रे गोत्रादरपतिकुलोत्तंसकलिके तवाकर्णाकृष्टस्मरशरविलासं कलयतः ॥५२॥

अन्वय:- गोत्रादरपतिकुलोत्तंसकलिके तव भेत्तुं चित्तप्रशमरसविद्रावणफले इमे नेत्रे गते आकर्णाभ्यर्णं गरुत इव पक्ष्माणि दधती कर्णाकृष्टस्मरशरविलासं कलयतः ॥

अर्थ:- हे पर्वतराजकुलकलिके तव बाणसदृशं नेत्रद्वयम् उपकर्णं गच्छति, यच्च

पक्षस्थाने पक्ष्मणि अलङ्कुरुते। तच्च चक्षुर्युगलं पुरारेः चित्तचञ्चलकारणं उपकर्णं गतं सत् रतिपतेः कामाङ्कुश इव कार्यं करोति।

हे देवी, तुझे पापण्या गरुडासारख्या पंखांनी युक्त वाटतात. ती कामदेवाच्या बाणासारखी शिवाच्या मनात प्रेमरस जागवतात.

हे गोत्रपति की कुल!शोभा-तुम्हारे नेत्र ऐसे हैं मानो पलकों के भीतर गरुड़ के समान पंख धारण किए हों, जो त्रिपुर का भेदन करने वाले शिव के चित्त को शांत करने वाले रस को प्रवाहित करते हैं। वे नेत्र कानों की ओर खिंचे हुए कामदेव के बाणों की लीला का साक्षात् रूप हैं।

विभक्तत्रैवर्ण्यं व्यतिकरितलीलाञ्जनतया
विभाति त्वन्नेत्रत्रितयमिदमीशानदयिते।
पुनः स्रष्टुं देवान् द्रुहिणहरिरुद्रानुपरतान्
रजः सत्त्वं बिभ्रत् तम इति गुणानां त्रयमिव ॥५३॥

पदच्छेदः- विभक्तत्रैवर्ण्यं व्यतिकरितलीलाञ्जनतया विभाति त्वन्नेत्रत्रितयमिदमीशानदयिते।

पुनः स्रष्टुं देवान् द्रुहिणहरिरुद्रानुपरतान् रजः सत्त्वं बिभ्रत् तम इति गुणानां त्रयमिव ॥५३॥

अन्वयः- व्यतिकरितलीलाञ्जनतया त्वन्नेत्रत्रितयम् विभक्तत्रैवर्ण्यं द्रुहिणहरिरुद्रान् उपरतान् देवान् पुनः स्रष्टुं रजः सत्त्वं बिभ्रत् तम इति गुणानां त्रयमिव विभाति ॥

अर्थः- हे ईशानदयिते इदं ते नेत्रत्रयं त्रिवर्णयुक्ताञ्जनस्थापनेन पृथक्पृथकग्रूपेण चकास्ति। नयनत्रयमिदं महाप्रलयकाले ब्रह्माविष्णुमहेश्वरान् उपरतान् तान् सत्वरजोतमोगुणयुतं धारणकृद्धाति।

हे ईश्वरप्रिये, तुझे तीन नेत्र रज, सत्त्व आणि तम या तीन गुणांचे प्रतीक आहेत. त्यांच्या द्वारेच

ब्रह्मा, विष्णू आणि रुद्र सृष्टीची निर्मिती करतात.

हे ईशान!प्रिय-तुम्हारे नेत्रों का यह त्र— लीला से लगाए गए त्रिविध अंजन के कारणतीन भिन्न रंगों में प्रकाशित होता है।मानो सृष्टि की पुनर्रचना हेतुब्रह्मा, विष्णु और रुद्र से संबद्धसत्त्व, रज और तम इन तीन गुणों का ही स्वरूप हो।

पवित्रीकर्तुं नः पशुपतिपराधीनहृदये
दयामित्रैर्नेत्रैः अरुणधवलश्यामरुचिभिः।
नदः शोणो गङ्गा तपनतनयेति ध्रुवममुं
त्रयाणां तीर्थानाम् उपनयसि सम्भेदमनघम् ॥५४॥

पदच्छेद:- पवित्रीकर्तुं नः पशुपतिपराधीनहृदये दयामित्रैर्नेत्रैः अरुणधवलश्यामरुचिभिः। नदः शोणो गङ्गा तपनतनयेति ध्रुवममुं त्रयाणां तीर्थानाम् उपनयसि सम्भेदमनघम् ॥५४॥

अन्वय:- पशुपतिपराधीनहृदये अरुणधवलश्यामरुचिभिः दयामित्रैर्नेत्रैः गङ्गा तपनतनयेति शोणो नदः अमुं ध्रुवं तीर्थानाम् सम्भेदमनघम् उपनयसि।

अर्थ:- हे पशुपतिपराधीनहृदये एतानि अरुणशुक्लश्यामवर्णैः शोभायुक्तानि त्रीणि नयनानि लोकान् पुणातुं सोणगङ्गायमुनानां सङ्गम इव त्वं पावनसङ्गरूपाणि निर्माति।

हे देवी, तुझे अरुण, पांढरे आणि काळसर असे तीन नेत्र गंगा, यमुना आणि सरस्वती या तीन पवित्र नद्यांचे एकत्रीकरण आहेत.

हे अनघे! पशुपति (शिव) के अधीन हृदय में स्थित हमें शुद्ध करने के लिएअरुण, धवल और श्याम वर्ण वालेकरुणा-पूर्ण नेत्रों से तुम शोण नदी, गंगा और सूर्यकन्या (यमुना)—इन तीन तीर्थों के पावन संगम को हम तक ले आती हो।

निमेषोन्मेषाभ्यां प्रलयमुदयं याति जगती
तवेत्याहुस्सन्तो धरणिधरराजन्यतनये॥
त्वदुन्मेषाज्जातं जगदिदमशेषं प्रलयतः
परित्रातुं शङ्के परिहृतनिमेषाः तव दृशः॥५५॥

पदच्छेद:- निमेषोन्मेषाभ्यां प्रलयमुदयं याति जगती तवेत्याहुस्सन्तो धरणिधरराजन्यतनये॥

त्वदुन्मेषाज्जातं जगदिदमशेषं प्रलयतः परित्रातुं शङ्के परिहृतनिमेषाः तव दृशः॥५५॥

अन्वय:- धरणिधरराजन्यतनये तव निमेषोन्मेषाभ्यां जगती प्रलयमुदयं याति इति सन्तः आहुः। इदम् अशेषं जात् प्रलयतः त्वदुन्मेषाज्जातं परिहृतनिमेषाः तव दृशः परित्रातुं शङ्के।

अर्थ:- हे धरणिधरराजन्यतनये सतां कथनं यत्तव नेत्रयोः निमीलनमात्रेण प्रलयः

उन्मीलनेन च सृष्टिर्भवति। इदं समग्रं जगत् तव उन्मीलनमात्रेण प्रादुरभवत् तस्य रक्षार्थम् अहं शङ्के यत् तस्य निमीलनं स्थगितम् इति। अस्माकं पालनाय नित्यं ते दृष्टिः उन्मीलिता इत्यर्थः।

हे राजकन्ये, तुझ्या डोळ्यांच्या उघडण्याने सृष्टी उत्पन्न होते आणि मिटण्याने प्रलय होतो. म्हणूनच, हे जननी, तुझे नेत्र कधीही मिटू नयेत अशी माझी प्रार्थना आहे.

हे पर्वतराज की पुत्री! संत कहते हैं कि तुम्हारे नेत्रों के निमेष से जगत का प्रलय और उन्मेष से सृष्टि का उदय होता है। तुम्हारे उन्मेष से यह समस्त जगत प्रलय के बाद उत्पन्न हुआ है इसलिए मुझे आशंका है कि जगत की रक्षा के लिए तुम्हारी दृष्टि कभी भी निमेषरहित न हो जाए।

तवापर्णे कर्णे जपनयनपैशुन्यचकिता
निलीयन्ते तोये नियतमनिमेषाः शफरिकाः॥
इयं च श्रीर्बद्धच्छदपुटकवाटं कुवलयं
जहाति प्रत्यूषे निशि च विघतय्य प्रविशति॥५६॥

पदच्छेदः- तवापर्णे कर्णे जपनयनपैशुन्यचकिता निलीयन्ते तोये नियतमनिमेषाः शफरिकाः॥

इयं च श्रीर्बद्धच्छदपुटकवाटं कुवलयं जहाति प्रत्यूषे निशि च विघतय्य प्रविशति॥५६॥

अन्वयः- अपर्णे तव कर्णे जपनयनपैशुन्यचकिता नियतमनिमेषाः शफरिकाः तोये निलीयन्ते। इयं च श्रीर्बद्धच्छदपुटकवाटं कुवलयं जहाति प्रत्यूषे निशि च विघतय्य प्रविशति ॥

अर्थः- हे अपर्णे निमेषोन्मेषरहिताः मत्स्याः भयग्रस्ताः सर्वदा जले निलीयन्ते। यतः तेषां तद्धरं गत् त्वन्नेत्रं कदाचित् तेषां पिशुनम् ते केर्णयोः न कुर्युः। श्रीः अपि समायाते प्रातःकाले कपाटस्य पिधानमिव कुमुदिन्याः पक्षनिर्वापणे तां त्यजति रात्रौ च पक्षेषु उद्घटितेषु पुनस्तत्र विराजते। सर्वे एते तव नयनविलासप्रतिद्वन्द्वितां कर्तुं न प्रभवन्तीत्यभिप्रायः।

हे अपर्णे, तुझ्या डोळ्यांमुळे भयभीत होऊन माशेही स्थिर होतात. लक्ष्मी देवीही रात्री कमळात शिरते आणि पहाटे बाहेर येते.

हे अपर्णा! तुम्हारे कानों में जप हो रहा है— इस शंका से भयभीत होकर निमेषरहित

मछलियाँ जल में छिप जाती हैं। लक्ष्मी कमल के बंद किवाड़ों को छोड़कर प्रभात में बाहर जाती है और रात्रि में उन्हें खोलकर फिर भीतर प्रवेश करती है।

दृशा द्रघीयस्या दरदलितनीलोत्पलरुचा
दवीयांसं दीनं स्नपय कृपया मामपि शिवे॥
अनेनायं धन्यो भवति नच हानिरियता
वने वा हर्म्ये वा समकरनिपातो हिमकरः॥५७॥

पदच्छेदः- दृशा द्रघीयस्या दरदलितनीलोत्पलरुचा दवीयांसं दीनं स्नपय कृपया मामपि शिवे॥

अनेनायं धन्यो भवति नच हानिरियता वने वा हर्म्ये वा समकरनिपातो हिमकरः॥५७॥

अन्वयः- शिवे दरदलितनीलोत्पलरुचा द्रघीयस्या दृशा दवीयांसं दीनं मामपि कृपया स्नपय अनेनायं धन्यो भवति न च इयता हानिः वने वा हर्म्ये वा समकरनिपातो हिमकरः।

अर्थः-हे शिवे किञ्चित्विकसितनीलोत्पलशोभया युक्ता दूरदृष्टिः दूरस्थितं मां कृपया प्रतिदिनं स्नापय, तेन चाहं धन्यो भवामि। तत्र च न कापि ते हानिः यतश्चन्द्रः स्वकिरणानि वने वा प्रासादे वा समानरूपेण एव वितरति तस्मात्ते अपि करुमदृष्टिधारया अहमपि पुनानि।

हे शिवे, तुझ्या दीर्घ आणि करुणामय दृष्टिने माझ्यासारख्या दीनालाही पावन कर. जशी चंद्रकिरणे राजवाड्यात आणि वनात समान पडतात —तसे तुझे कृपादान सर्वांना समान असते.

हे शिवे! नीले कमल की आभा से युक्त तुम्हारी दीर्घ दृष्टि से इस दीन मुझ पर भी कृपा की वर्षा करो। इससे तुम धन्य होती हो और इसमें तुम्हारी कोई हानि नहीं जैसे वन में या महल में चंद्रमा का प्रकाश सब पर समान रूप से पड़ता है।

अरालं ते पालीयुगलमगराजन्यतनये
न केषामाधत्ते कुसुमशरकोदण्डकुतुकम्॥
तिरश्चीनो यत्र श्रवणपथमुल्लंघ्य विलस-
न्नपांगव्यासङ्गो दिशति शरसन्धानधिषणाम्॥५८॥

पदच्छेदः- अरालं ते पालीयुगलमगराजन्यतनये न केषामाधत्ते कुसुमशरकोदण्डकुतुकम्॥

तिरश्चीनो यत्र श्रवणपथमुल्लंघ्य विलस-न्नपांगव्यासङ्गो दिशति शरसन्धानधिषणाम्॥५८॥

अन्वयः- पालीयुगलमगराजन्यतनये ते अरालं कुसुमशरकोदण्डकुतुकम् केषां अ आधत्ते तिरश्चीनो यत्र श्रवणपथमुल्लंघ्य विलसन्नपांगव्यासङ्गः शरसन्धानधिषणाम् दिशति ॥

अर्थः- हे पर्वतराजपुत्रि तव अरालं पुष्पबाणधृतवतः धनुषः कोणान् कुतः न कुतूहलं जनयेत्। यच्च तव नेत्रं श्रवणपथम् अवलंघ्य कटाक्षकृतेबाणसदृशं भाति तद्भ्रूरूपाख्ये प्रत्यञ्चया स्थितम्। तादृशेन धनुषा बाणैश्च सर्वबाधानां नाशो भवति।

हे पर्वतराजकन्ये, तुझ्या भुवयांचे वळण कामदेवाच्या धनुष्याप्रमाणे आहे. तुझ्या कटाक्षातील बाण सर्वांना मोहून टाकतात।

हे पर्वतराज की पुत्री! तुम्हारी भौंहों की युगल वक्रता किसके हृदय में कामदेव के धनुष की उत्सुकता नहीं जगाती? तिरछी होकर, कान की सीमा को लाँघती हुई तुम्हारी अपांग दृष्टि कामबाणों को साधने की बुद्धि प्रदान करती है।-

स्फुरद्गण्डाभोगप्रतिफलितताटङ्कयुगलं
चतुश्चक्रं मन्ये तव मुखमिदं मन्मथरथम्।
यमारुह्य द्रुह्यत्यवनिरथमर्केन्दुचरणं
महावीरो मारः प्रथमपतये सज्जितवते ॥५९॥

पदच्छेदः- स्फुरद्गण्डाभोगप्रतिफलितताटङ्कयुगलं चतुश्चक्रं मन्ये तव मुखमिदं मन्मथरथम्।

यमारुह्य द्रुह्यत्यवनिरथमर्केन्दुचरणं महावीरो मारः प्रथमपतये सज्जिततते ॥५९॥

अन्वयः- स्फुरद्गण्डाभोगप्रतिफलितताटङ्कयुगलं मन्मथरथम् चतुश्चक्रं तव मुखमिदं मन्ये द्रुह्यत्यवनिरथमर्केन्दुचरणं यमारुह्य महावीरो मारः सज्जितवते प्रथमपतये द्रुह्यति।

अर्थः- तव प्रकाशमानकपोलयोः प्रतिबिम्बं कर्णपुष्पयुक्तं तव मुखं च कामदेवस्य चतुश्चचक्रयुक्तं रथ इव शोभेते। यत्र च आरुह्य यच्च आश्रित्य महावीरः कामदेवः सूर्यचन्द्राख्ये चक्रद्वययुक्तपृथिवीरूपे रथे युद्धार्थं सुसज्जितः साक्षाच्छिवविरुद्धमास्थितः।

तुझे मुख म्हणजे कामदेवाचा रथ आहे, कुंडलांचे चार चक्र त्याला लाभले आहेत. त्या रथावर बसून कामदेव शिवालाही वश करायला निघाला होता.

तुम्हारा मुख चमकते गंडस्थलों पर प्रतिबिंबित कर्णाभूषणों से युक्त मुझे कामदेव का रथ प्रतीत होता है। जिस पर आरूढ़ होकर महावीर कामदेव सूर्य और चंद्रमा को चरण बनाकर पृथ्वीरथ पर चढ़ते हुए- शिव से युद्ध करने को तत्पर हुआ।

सरस्वत्याः सूक्तीः अमृतलहरीकौशलहरीः
पिबन्त्याः शर्वाणि श्रवणचिलिकाभ्यामविरलम्।
चमत्कारश्लाघाचलितशिरसः कुण्डलगणो
झणत्कारैस्तारैः प्रतिवचनमाचष्ट इव ते ॥६०॥

पदच्छेदः- सरस्वत्याः सूक्तीः अमृतलहरीकौशलहरीः पिबन्त्याः शर्वाणि श्रवणचिलिकाभ्यामविरलम्। चमत्कारश्लाघाचलितशिरसः कुण्डलगणो झणत्कारैस्तारैः प्रतिवचनमाचष्ट इव ते ॥६०॥

अन्वयः- हे शर्वाणि सरस्वत्याः सूक्तीः अमृतलहरी कौशलहरी श्रवणचिलिकाभ्याम् अविरलम् पिबन्त्याः कुण्डलगणः चमत्कारश्लाघाचलितशिरसः झणत्कारैस्तारैः ते प्रतिवचनमाचष्टे इव।

अर्थः- हे शर्वाणि सरस्वत्याः सुन्दरयुक्त्याः अमृतलहर्याः यः कौशल्यं हरति श्रवणरूपचुलुकाभ्यांम् अविरलेन पानकरणकाले तव कुण्डलगणाः चमत्कारयुक्तोक्तीभिः श्लाघयन्तः झणत्कारैः शब्दैः साक्षात् ओङ्कारम् उच्चरयति इव भाति।

हे देवी, सरस्वतीच्या मधुर वाणीचा रस तुझे कान अखंड पितात. तुझे कुंडल त्या आनंदाने डुलत जणू मधुर प्रतिध्वनी देत असतात।

हे शर्वाणि! तुम सरस्वती की अमृतमयी सूक्तियों को कानों के मार्ग से निरंतर पीती रहती हो। उस अद्भुत प्रशंसा से तुम्हारे कुंडलसमूह हिल उठते हैं-, और उनके मधुर झंकार मानो तुम्हारी ओर से उत्तर दे रहे हों।

असौ नासावंशः तुहिनगिरिवंशध्वजपटि
त्वदीयो नेदीयः फलतु फलमस्माकमुचितम्।
वहत्यन्तर्मुक्तः शिशिरकरनिश्वासगलितं
समृद्ध्या यत्तासां बहिरपि च मुक्तामणिधरः ॥६१॥

पदच्छेदः- असौ नासावंशः तुहिनगिरिवंशध्वजपटि त्वदीयो नेदीयः फलतु फलमस्माकमुचितम्। वहत्यन्तर्मुक्तः शिशिरकरनिश्वासगलितं समृद्ध्या यत्तासां बहिरपि च मुक्तामणिधरः ॥६१॥

अन्वयः- तुहिनगिरिवंशध्वजपटि असौ त्वदीयो नासावंशः नेदीयः अस्माकम् उचितं फलं फलतु। शिशिरकरनिश्वासगलितम् अन्तर्मुक्तः वहन्ति यत्तासां मुक्तामणिधरः समृध्या च बहिरपि (भाति)

अर्थः- हे तिहिमगिरि पताके तव नाशावंशः शीघ्रमेव उचितं फलं प्रदास्यति , यतः तव दन्तः शीतलनिस्वासैः मौक्तिकं जायमानाः दृश्यन्ते। तथा च नासिकायाः वामभागे तु प्रभूता समृद्धिः दृश्यते यतः मुक्तामणिरपि साक्षात् बहि दृश्यमाना वर्तते। अत्र नासाभरणस्य शोभा वर्णमाना।

हे माता! हिमालयकुलाचा ध्वज असलेला तुझा नासिकावंश आमच्या जवळ आहे. तो योग्य फळ आम्हाला देवो. त्याच्या आत चंद्राच्या शीतल श्वासातून गळणारे मुक्तामोती आहेत आणि बाहेरही मोत्यांनी तो सुशोभित आहे.

हे हिमालय!कुल की ध्वजा के समान माता- यह तुम्हारी नासिका की वंशी हमारे लिए समीप होकर भी उचित फल प्रदान करे। भीतर से मोतियों की आभा प्रवाहित होती है, जो चंद्रमा की शीतल श्वास से झरती हुई अंतः और बाह्यदोनों ओर—समृद्धि बिखेरती है।

प्रकृत्याऽऽरक्तायाः तव सुदति दन्तच्छदरुचेः
प्रवक्ष्ये सादृश्यं जनयतु फलं विद्रुमलता।
न बिम्बं तद्बिम्बप्रतिफलनरागादरुणितं
तुलामध्यारोढुं कथमिव विलज्जेत कलया ॥६२॥

पदच्छेदः- प्रकृत्याऽऽरक्तायाः तव सुदति दन्तच्छदरुचेः प्रवक्ष्ये सादृश्यं जनयतु फलं

विद्रुमलता। न बिम्बं तद्बिम्बप्रतिफलनरागादरुणितं तुलामध्यारोढुं कथमिव विलज्जेत कलया ॥६२॥

अन्वयः- सुदति तव प्रकृत्याऽऽरक्तायाः दन्तच्छदरुचेः सादृश्यं प्रवक्ष्ये, विद्रुमलता फलं न तद्बिम्बप्रतिफलनरागादरुणितं बिम्बं तुलाम् अध्यारोढुम् कलया कथमिव विलज्जेत।

अर्थः- हे शुभ्रदन्ते भगवति, स्वाभाविकतयैव दन्तान् रक्तिमयोः अधरोष्ठयोः विराजमानान् उपमातुं पदानि गायामि। प्रबाललतायां फलस्त्वसम्भे सति तत्सौन्दर्यं प्रभवति। तवाधरोष्ठयोः अरुणिमाप्रकाशस्य केवलं लेशमात्रत्वान्नतु तु बिम्बफलसदृशं तत्सौन्दर्यम्। यदि वा तेन फलेन सह तुलना भवति तर्हि तव ओष्ठस्य एककलापरिमितकान्त्याभावात्तलज्जतामेव याति।

हे सुंदरी! तुझ्या नैसर्गिक लालसर ओठांच्या कडांची शोभा कोणाशी तुलना करावी ते सांगतो.

प्रवाळलता (कोरल) त्यासारखी वाटावी, पण बिंबफळ तर केवळ प्रतिबिंबामुळे लाल झालेले असल्याने तुलनेलाही लाजते.

हे सुदति! से ही लालिमा लिए तुम्हारे अधरों की दंतछाया की उपमा- मैं कहता हूँ— वह प्रवाललता के समान फलदायी हो। वह न तो बिंबफल है- और न ही उसके प्रतिबिंब की लालिमा से रंगा हुआ— फिर वह अपनी कला के कारण तुला पर चढ़ने से लज्जित कैसे हो सकता है?

स्मितज्ज्योत्स्नाजालं तव वदनचन्द्रस्य पिबतां
चकोराणामासीत् अतोरसतया चञ्चुजडिमा।
अतस्ते शीतांशोः अमृतलहरीमाम्लरुचयः
पिबन्ति स्वच्छन्दं निशि निशि भृशं काञ्जिकधिया ॥६३॥

पदच्छेदः:- स्मितज्ज्योत्स्नाजालं तव वदनचन्द्रस्य पिबतां चकोराणामासीत् अतोरसतया चञ्चुजडिमा। अतस्ते शीतांशोः अमृतलहरीमाम्लरुचयः पिबन्ति स्वच्छन्दं निशि निशि भृशं काञ्जिकधिया ॥६३॥

अन्वयः:- तव वदनचन्द्रस्य स्थितज्ज्योत्स्नाजालं पिबतां चकोराणां अतोरसतया चञ्चुजडिमा आसीत्। अतः ते शीतांशोः अमृतलहरीम् आम्लरुचयः निशि निशि भृशं

काञ्जिकधिया स्वच्छन्दं पिबन्ति।

अर्थः- तव चन्द्रवदनस्य स्मितहासां ज्योत्स्नाप्रचुरतां पीत्वा सम्प्राप्तमधुरकारणत्वात् चकोराणां चञ्चुः जडतां गता। अतः ते चन्द्रमसः आम्लरसम् अन्विषन्तः प्रतिरात्रं स्वच्छन्दसा अमृतलहरीं पिबन्ति।

तुझ्या मुखचंद्राच्या रिगताची चांदणी पिणाऱ्या चकोर पक्ष्यांना ती चव नसल्याने त्यांची चोच जड झाली आहे. म्हणून ते आंबट समजून दररोज रात्री चंद्राच्या अमृतधारा पितात.

तुम्हारे मुखचंद्र की मुस्कान से झरती- चाँदनीजाल को पीते-पीते- चकोर पक्षियों की चोंच रसहीनता से जड़ हो गई। इसलिए वे अब चंद्रमा की अमृतमयी किरणों को हर रात स्वतंत्र भाव से खट्टे स्वाद की समझ से पीते हैं।

अविश्रान्तं पत्युः गुणगणकथाम्रेडनजपा
जपापुष्पच्छाया तव जननि जिह्वा जयति सा।
यदग्रासीनायाः स्फटिकदृषदच्छच्छविमयी
सरस्वत्या मुर्तिः परिणमति माणिक्यवपुषा ॥६४॥

पदच्छेदः- अविश्रान्तं पत्युः गुणगणकथाम्रेडनजपा जपापुष्पच्छाया तव जननि जिह्वा जयति सा। यदग्रासीनायाः स्फटिकदृषदच्छच्छविमयी सरस्वत्या मुर्तिः परिणमति माणिक्यवपुषा ॥६४॥

अन्वयः- जननि तव अविश्रान्तं पत्युः गुणगणकथाम्रेडनजपा जपापुष्पच्छाया सा जिह्वा जयति ,यदग्रासीनायाः स्फटिकदृषदच्छच्छविमयी सरस्वत्या मुर्तिः माणिक्यवपुषा परिणमति।

अर्थः- हे जननि अविश्रान्तं स्वपत्युः गुणानुवादं पौनःपुन्येन जपं कुर्वती जपाकुसुमसदृशी रक्तवर्णीया ते जिह्वा जयेत्। यस्याश्च अग्रभागः स्फटिकमणिरिव शुद्धकान्तियुतः सरस्वत्याः मूर्तिशरीरस्य वर्णेन माणिक्यसदृशःपरिगणितः।

हे जननी! तुझी जीभ तुझ्या पतीच्या गुणगानाचा अखंड जप करते म्हणून जपाफुलासारखी लाल दिसते. तिच्यावर विराजमान सरस्वती स्फटिकासारखी स्वच्छ असून माणकाच्या तेजाने उजळते.

हे जननी! तुम्हारी जिह्वा जो निरंतर पति के गुणों के कथन का जप करती है जपा-पुष्प के

समान लालिमा से युक्त सदा विजयी है। जिसे स्पर्श करते ही स्फटिक-शिला के समान उज्ज्वल सरस्वती की मूर्ति माणिक्य-देह में परिणत हो जाती है।

रणे जित्वा दैत्यान् अपहृतशिरस्त्रैः कवचिभिः
निवृत्तैश्चण्डांशत्रिपुरहरनिर्माल्यविमुखैः।
विशाखेन्द्रोपेन्द्रैः शशिविशदकर्पूरशकला
विलीयन्ते मातः तव वदनताम्बूलकबलाः॥६५॥

पदच्छेदः- रणे जित्वा दैत्यान् अपहृतशिरस्त्रैः कवचिभिः निवृत्तैश्चण्डांशत्रिपुरहरनिर्माल्यविमुखैः। विशाखेन्द्रोपेन्द्रैः शशिविशदकर्पूरशकला विलीयन्ते मातः तव वदनताम्बूलकबलाः ॥६५॥

अन्वयः- मातः दैत्यान् रणे जित्वा अपहृतशिरस्त्रैः कवचिभिः निवृत्तैः चण्डांशत्रिपुरहरनिर्माल्यविमुखैः विशाखेन्द्रोपेन्द्रैः तव शशिविशदकर्पूरशकला वदनताम्बूलकबलाः विलीयन्ते।

अर्थः- हे मातः दैत्यान् रणे जित्वा अपहृत्य च तेषां शिरस्त्रं कवचं , शिवस्य निर्माल्यात् विमुखं चन्डस्य अग्रभागं स्वमुखात् निष्कास्य चन्द्र इव शुभ्रेभ्यः तव पुत्रेभ्यः स्कन्देन्द्रोपेन्द्रादिभ्यः ग्राहयति।

देवांनी युद्धात दैत्यांना जिंकून त्यांची शिरे तुझ्या मुखात अर्पण केली त्यांच्यामुळे तुझ्या मुखातील तांबूल चंद्रासारखा शुभ्र कापरासारखा विरघळत आहे.

हे माता! रण में दैत्यों को जीतकर उनके शिरोअस्त्रों से सुसज्जित- कवची देवता, तथा चंद्रमा के समान श्वेत कर्पूर के टुकड़ों से युक्त इंद्र, उपेंद्र और स्कंद जब त्रिपुरहारी शिव के निर्माल्य से विमुख होकर लौटते हैं, तो वे सब तुम्हारे मुख के तांबूल के कवल में लीन हो जाते हैं।

विपञ्च्या गायन्ती विविधमपदानं पशुपतेः
त्वयारब्धे वक्तुं चलितशिरसा साधुवचने।
तदीयैर्माधुर्यैः अपलपिततन्त्रीकलरवां
निजां वीणां वाणी निचुलयति चोलेन निभृतम् ॥६६॥

पदच्छेद:- विपञ्च्या गायन्ती विविधम् अपदानं पशुपतेः त्वयारब्धे वक्तुं चलितशिरसा साधुवचने। तदीयैर्माधुर्यैः अपलपिततन्त्रीकलरवां निजां वीणां वाणी निचुलयति चोलेन निभृतम् ॥६६॥

अन्वयः:- पशुपतेः विविधमपदानं विपञ्च्या गायन्ती चलितशिरसा साधुवचने वक्तुं त्वया आरब्धे तदीयैः माधुर्यैः अपलपिततन्त्रीकलरवां निजां वीणां निभृतं चोलेन वाणी निचुलयति

अर्थः:- पशुपतेः विविधानां लोकोपकारकाणां वीणायां गानकाले त्वं चलितशिरसा सती सरस्वत्याः श्लाघां गायति तदा वीणायाः मधुरता अपकृष्टतां याति अत एव सरस्वती अपि तद्वीणां वस्त्रेण आच्छाद्य लोपयति।

हे देवी तू !जेव्हा शिवाच्या विविध लीलांचे गायन सुरू करतेस तेव्हा सरस्वती स्वतः तिच्या वीणेचे सूर दडपून तुझ्या मधुर वाणीचे ऐकणे पसंत करते.

हे माता! जब तुम वीणा के साथ पशुपति (शिव) के विविध अपदानों का गायन करती हो, तब तुम्हारी वाणी साधुवचनों के उच्चारण में- सिर हिलाते हुए प्रवृत्त होती है। तुम्हारे स्वर की मधुरता से पराजित होकर अपनी तंत्री के नाद को ढँकती हुई सरस्वती भी अपनी वीणा को वस्त्र से आच्छादित कर लेती है।

कराग्रेण स्पृष्टं तुहिनगिरिणा वत्सलतया
गिरीशेनोदस्तं मुहुरधरपानाकुलतया।
कराग्राह्यं शम्भोः मुखमुकुरवृन्तः गिरिसुते
कथङ्कारं ब्रूमः तव चुबुकमौपम्यरहितम् ॥६७॥

पदच्छेद:- कराग्रेण स्पृष्टं तुहिनगिरिणा वत्सलतया गिरीशेनोदस्तं मुहुरधरपानाकुलतया। कराग्राह्यं शम्भोः मुखमुकुरवृन्तः गिरिसुते कथङ्कारं ब्रूमः तव चुबुकमौपम्यरहितम् ॥६७॥

अन्वयः:- गिरिसुते कथङ्कारं ब्रूमः तव चुबुकमौपम्यरहितं तुहिनगिरिणा वत्सलतया कराग्रेण स्पृष्टं मुहुरधरपानाकुलतयागिरीशेन उदस्तं, शम्भोः कराग्राह्यं मुखमुकुरवृन्तः।

अर्थः:- हे गिरिसुते उपमानरहितस्य तव चिबुकस्य वर्णनं कथं कुर्याम्। तव पित्रा हिमालयेन स्वाङ्गुलीभिः स्पृष्टं , गिरीशेन यदा अधरपानकाले प्रतिवारं उपरि नीतं तदा साक्षात् शम्भुः स्वमुखं द्रष्टुं दर्पणं स्वहस्ते गृहीतवान् इतिवत् भाति।

हे गिरिजे! तुझे हनू इतके सुंदर आहे की हिमालय व शिव त्यास हातांनी स्पर्श करतात. तो शिवाच्या मुखाचा आरसा आहे. त्याला कोणती उपमा देता येईल? तो पूर्णतः अनुपम आहे.

हे गिरिसुते! वह तुम्हारा चिबुक, जिसे परमपावन हिमालय ने अपार वात्सल्य-विभोर होकर अपनी करांगुलियों से सस्नेह स्पर्श किया है, तथा जिसे स्वयं गिरीश भगवान् शिव ने अधरामृत-पान की पुनः-पुनः जाग्रत आकुलता से अपने करकमलों में उठाया है, वास्तव में शम्भु-वदन के सौन्दर्य का दर्पण-तुल्य आधारभूत अवयव है। उसकी शोभा में कोमलता और गौरव, लावण्य और माधुर्य, मर्यादा और मृदुता का अद्भुत समन्वय दृष्टिगोचर होता है। वह न केवल रूप-सम्पदा का आसन है, अपितु दैवी स्नेह, पितृ-वात्सल्य तथा दाम्पत्य-माधुर्य का मूर्त प्रतीक भी है। ऐसे अलौकिक, अतुलनीय एवं सर्वथा अप्रतिम चिबुक के लिए लौकिक उपमाएँ नितान्त असमर्थ प्रतीत होती हैं। वस्तुतः वह उपमान-गोचर नहीं, अपितु स्वयं उपमान-प्रदायिनी सत्ता है—अनुपमेय, निरुपम और सर्वथा अद्वितीय।

भुजाश्लेषान्नित्यं पुरदमयितुः कण्टकवती
तव ग्रीवा धत्ते मुखकमलनालश्रियमियम्।
स्वतः श्वेता कालागरुबहुलजम्बालमलिना
मृणालीलालित्यं वहति यदधो हारलतिका ॥६८॥

पदच्छेदः- भुजाश्लेषान्नित्यं पुरदमयितुः कण्टकवती तव ग्रीवा धत्ते मुखकमलनालश्रियमियम्।

स्वतः श्वेता कालागरुबहुलजम्बालमलिना मृणालीलालित्यं वहति यदधो हारलतिका ॥६८॥

अन्वयः- पुरदमयितुः भुजाश्लेषान्नित्यं तव ग्रीवा कण्टकवती मुखकमलनालश्रियमियं धत्ते स्वतः श्वेता कालागरुबहुलजम्बालमलिना मृणालीलालित्यं यदधो हारलतिका वहति।

अर्थः- पुरारेः भुजद्वारा नित्यस्पर्शत् तव ग्रीवा कण्टकवती मुखकमलं धारयन्ती पङ्कजमृणाल इव शोभते। या स्वयं गौरवर्णा किन्तु नित्यम् अगरुतलेपेन पङ्किता मलिना वा प्रतीयते। तस्य च अधः हारः प्रतीयते।

तुझी मान शिवाच्या आलिंगनाने कमळाच्या देठासारखी मोहक झाली आहे.

तिच्यावरची हारलता शुभ्र असूनही काळ्या अगरूच्या लेपाने अजून सुंदर भासते.

हे गिरिजे! पुरविनाशक शिव के नित्य-निरन्तर भुजाश्लेष-संयोग से तुम्हारी ग्रीवा पर सूक्ष्म कण्टक-रेखाओं का मनोहर आविर्भाव हो जाता है, मानो प्रेम-परिरम्भ की स्मृतियाँ स्वयं रेखारूप धारण कर वहाँ अंकित हो गई हों। वह ग्रीवा, शम्भु-वदन-सरोज के अधःस्थित नाल-देश के सदृश, अनुपम सौन्दर्य की अधिष्ठात्री प्रतीत होती है। स्वभावतः शशिधवल-निर्मला होते हुए भी, अधोलम्बित हार-लता की सन्निकर्ष-छाया से तथा काले अगरु-लेप के संस्पर्श से किंचित् श्यामाभासित हो उठती है; किन्तु वह श्यामता भी उसकी शोभा-वृद्धि का ही साधन बनती है। वस्तुतः वह कमल-नाल की स्वाभाविक कोमलता, ललित-वक्रता एवं माधुर्य-गौरव का ही वहन करती हुई, दाम्पत्य-प्रेम की सौम्य छाप से अलंकृत दिखाई देती है।

गले रेखास्तिस्रो गतिगमकगीतैकनिपुणे
विवाहव्यानद्धप्रगुणगुणसङ्ख्याप्रतिभुवः।
विराजन्ते नानाविधमधुररागाकरभुवां
त्रयाणां ग्रामाणां स्थितिनियमसीमान इव ते ॥६९॥

पदच्छेदः- गले रेखाः तिस्रो गतिगमकगीतैकनिपुणे विवाहव्यानद्धप्रगुणगुणसङ्ख्याप्रतिभुवः।
विराजन्ते नानाविधमधुररागाकरभुवां त्रयाणां ग्रामाणां स्थितिनियमसीमान इव ते ॥६९॥

अन्वयः- गतिगमकगीतैकनिपुणे गले रेखास्तिस्रो विवाहव्यानद्धप्रगुणगुणसङ्ख्याप्रतिभुवः नानाविधमधुररागाकरभुवां त्रयाणां ग्रामाणां स्थितिनियमसीमान इव ते विराजन्ते।

अर्थः हे गतिगमकगीतैकनिपुणे तव गले दृश्यमानं रेखात्रयं विवाहकाले बन्धितसौभाग्यरेखाकारणात् जातम् इति। ताश्च नानाविधरागानां कारणीभूताः गतिगमकगीताख्याः ग्रामाः तेषां स्थितिकारणात् सीमाचिह्नानि इव प्रतीयन्ते।

तुझ्या गळ्यावरील तीन रेषा तीन स्वरग्रामांच्या सीमांसारख्या शोभतात, ज्या गान, गती आणि भाव यांच्या सौंदर्याला सीमा घालतात.

हे गीत, गति तथा गमक में परम निपुणे, कलासारस्वते! तुम्हारे कण्ठप्रदेश में सुशोभित

वे त्रिविध रेखाएँ केवल शारीरिक सौन्दर्य की ललित रचना मात्र नहीं हैं, अपितु वे विवाह-मंगलसूत्र में ग्रथित गुणत्रय की सजीव प्रतिछाया-सी प्रतीत होती हैं। ऐसा जान पड़ता है मानो दाम्पत्य-सौभाग्य, मर्यादा और माधुर्य स्वयं सूक्ष्म रेखाओं का रूप धारण कर तुम्हारे कण्ठ पर अंकित हो गए हों। साथ ही, वे रेखाएँ विविध मधुर रागों की उत्पत्ति-भूमि का भी संकेत करती हैं। जैसे प्राचीन भारतीय संगीत-परम्परा में षड्ज, मध्यम और पंचम नामक तीन ग्राम स्वर-व्यवस्था की मर्यादा और स्थितिनियम का निर्धारण करते हैं, वैसे ही तुम्हारे कण्ठ की ये त्रि-रेखाएँ स्वर-सृष्टि की सीमाओं और लय-व्यवस्था की प्रतीक-रेखाओं के समान शोभा धारण करती हैं।

मृणालीमृद्वीनां तव भुजलतानां चतसृणां
चतुर्भिः सौन्दर्यं सरसिजभवः स्तौति वदनैः।
नखेभ्यः सन्त्रस्यन् प्रथममथनादन्धकरिपोः
चतुर्णां शीर्षाणां सममभयहस्तार्पणधिया ॥७०॥

पदच्छेदः- मृणालीमृद्वीनां तव भुजलतानां चतसृणां चतुर्भिः सौन्दर्यं सरसिजभवः स्तौति वदनैः। नखेभ्यः सन्त्रस्यन् प्रथममथनादन्धकरिपोः चतुर्णां शीर्षाणां सममभयहस्तार्पणधिया ॥७०॥

अन्वयः- प्रथममथनादन्धकरिपोः नखेभ्यः सन्त्रस्यन् चतुर्णां शीर्षाणां सममभयहस्तार्पणधिया चतुर्भिः वदनैः मृणालीमृद्वीनां तव भुजलतानां चतसृणां सौन्दर्यं सरसिजभवः स्तौति।

अर्थः- पुराकाले शिवः यदा ब्रह्मणः अभिमानम् असहमनः स्वनखैः एकं शिरः नाशितवान् तदा तत्स्मृत्या संत्रस्तः ब्रह्मा चतुर्णामपि शिरसाम् समान रूपेण रक्षणार्थम् अभयम् याचितुं चतुर्हस्तवत्याः तव शरणम् आगत्य चतुर्भिः मुखैः त्वां स्तुवन् आसीत्।

तुझ्या चार कोमल भुजा ब्रह्मदेव चार मुखांनी स्तुत्य आहेत. अंधकासुराचा वध करताना त्याच्या चार शिरांना तू अभय देणाऱ्या हातांनी एकाच वेळी धरलेस.

कमल-नाल-समान कोमल, ललित-वक्र तथा मृणाल-तन्तु-सी स्निग्ध तुम्हारी चतुर्भुजलताएँ अलौकिक सौन्दर्य की मूर्त अभिव्यक्ति हैं। उनकी मनोहर कान्ति और दिव्य लावण्य का स्तवन स्वयं चतुर्मुख ब्रह्मा अपने चारों मुखों से निरंतर करता हुआ भी मानो तृप्त

नहीं होता। वे भुजाएँ केवल रूप-माधुर्य की धारिणी ही नहीं, अपितु करुणा, संरक्षण और शक्ति की त्रिवेणी का सजीव प्रतीक हैं। जब दैत्याधिप अंधकासुर के संहार का समय उपस्थित हुआ और वह तुम्हारे नख-प्रभा से ही भयाकुल हो उठा, तब तुमने अद्भुत शौर्य और अनुग्रह का समन्वय प्रदर्शित किया। उसके उन्मत्त बल का विनाश करने से पूर्व ही, उसके चतुर्मुखों को एक साथ अभय-मुद्रा का दान देकर यह प्रकट किया कि दैवी शक्ति का स्वरूप केवल संहार में ही नहीं, अपितु अनुग्रह और शरणागत-वत्सलता में भी प्रतिष्ठित है।

नखानामुद्योतैः नवनलिनरागं विहसतां
कराणां ते कान्तिं कथय कथयामः कथमुमे।
कयाचिद्वा साम्यं भजतु कलया हन्तकमलं
यदि क्रीडल्लक्ष्मीचरणतललाक्षारसचरणम् ॥७१॥

पदच्छेदः- नखानामुद्योतैः नवनलिनरागं विहसतां कराणां ते कान्तिं कथय कथयामः कथमुमे।

कयाचिद्वा साम्यं भजतु कलया हन्तकमलं यदि क्रीडल्लक्ष्मीचरणतललाक्षारसचरणम् ॥७१॥

अन्वयः- हे उमे ते नखानां कान्तिं नवनलिनरागं विहसताम् उद्योतैः कथं कथयामः कथय कयाचिद्वा कलया हन्तकमलं साम्यं यदि क्रीडल्लक्ष्मीचरणतललाक्षारसचरणं भजतु।

अर्थः- हे उमे तव हस्तानां कान्त्याः कथं वा वर्णनं कुर्यां येषां नखानां द्युतिः नवविकसितकमलस्य अरुणिमाम् अपि परिहसति। यदि कस्माच्चिदपि अंशात् कमलदलारुणिमायाः समानत्वं विधीयते तर्हि लक्ष्म्याः क्रीडाकाले लगितलाञ्छा कारणादेव तन्नान्यथा।

हे उमे! तुझ्या हातांच्या नखांतून निघणाऱ्या तेजामुळे नवीन कमळांनाही हसू येते. त्या करांची शोभा कशी सांगावी? खेळणाऱ्या लक्ष्मीच्या चरणांवरील लाखेच्या लालसरतेशी कमळालाही केवळ अंशतःच साम्य साधता येईल.

हे उमा, जगज्जननी! तेरे करकमलों के अग्रभाग में स्थित नख-मणियों की ज्योति ऐसी प्रतीत होती है मानो नव-विकसित अरुण-कमलों की लज्जा स्वयं हास्य में परिवर्तित हो उठी हो। वह आभा केवल भौतिक दीप्ति नहीं, अपितु चैतन्य-प्रकाश की अभिव्यक्ति है—

वही ज्योति, जिसका निरूपण उपनिषद् "स्वयंज्योतिः" ब्रह्मरूप सत्ता के रूप में करते हैं। जैसे ब्रह्म का प्रकाश अन्य किसी प्रकाश पर आश्रित नहीं होता, वैसे ही तुम्हारे नखों की कान्ति किसी उपमान की अपेक्षा नहीं करती; वह स्वयं उपमान-प्रदायिनी है। तुम्हारे हस्तों की शोभा का वर्णन किस प्रकार किया जाए? किस सीमा तक उसे कमल के समकक्ष ठहराया जा सकता है? कमल तो प्रकृति की एक सुकोमल रचना है, परंतु तुम्हारे करकमल शक्ति-तत्त्व की साक्षात् मूर्त अभिव्यक्ति हैं। पुराणों में वर्णित शक्ति-दर्शन के अनुसार समस्त सृष्टि तुम्हारी कर-रेखाओं में निहित है; उन्हीं से सृजन, पालन और संहार की लीला संचालित होती है। अतः लौकिक कमल से उनकी तुलना करना मानो सीमित को असीम के समकक्ष रखना है। यदि वह कमल भी क्रीड़ारता श्रीलक्ष्मी के चरणों की लाक्षा-रंजित अरुणिमा से अभिषिक्त हो, यदि उसमें वैकुण्ठ-विलासिनी की चरण-रज का पावन संस्पर्श हो, तभी कहीं अल्पांश में तुलना का साहस किया जा सकता है। अन्यथा तुम्हारे करकमलों की लालिमा तो उस आद्य-शक्ति की करुणा-रश्मि है, जो जीव-जगत् को अभय, अनुग्रह और मोक्ष की ओर उन्मुख करती है।

समं देवि स्कन्दद्विपवदनपीतं स्तनयुगं
तवेदं नः खेदं हरतु सततं पस्नुतमुखम्।
यदालोक्याशङ्काकुलितहृदयो हासजनकः
स्वकुम्भौ हेरम्बः परिमृशति हस्तेन झटिति ॥७२॥

पदच्छेदः- समं देवि स्कन्दद्विपवदनपीतं स्तनयुगं तवेदं नः खेदं हरतु सततं पस्नुतमुखम्। यदालोक्याशङ्काकुलितहृदयो हासजनकः स्वकुम्भौ हेरम्बः परिमृशति हस्तेन झटिति ॥७२॥

अन्वयः- देवि स्कन्दद्विपवदनपीतं स्तनयुगं समं सततं पस्नुतमुखम् तवेदं नः खेदं हरतु हेरम्बः यदालोक्याशङ्काकुलितहृदयो हासजनकः स्वकुम्भौ हस्तेन झटिति परिमृशति।

अर्थः- हे देवि स्कन्दगणेशाभ्यां पीतं तव स्तनं, यस्मात् च क्षीरबिन्दुः निपतति इव दृश्यते तत् सदा अस्मत्खेदं हरतु। पानकाले स्तनमवलोक्य गणेशः सर्वदा शङ्काकुलितहृदयः मातस्तनं त्यक्त्वा स्वमस्तकमेव कुम्भवत् विद्यमानं हस्तेन परिमृशन् देव्याः हास्यचेष्टां जनयति।

हे देवीतुझे हे दोन्ही स्तन ! कार्तिकेय आणि गणपतीने एकाच वेळी पिल्याने सदैव ओलसर व कोमल आहेत. त्यांना पाहून गणपतीही लाजून आपल्या स्वतःच्या कुंभासारख्या गालांना हाताने चाचपडतो.

हे देवि, जगदम्बिके! तेरे वे उभय स्तन, जिन्हें कुमार स्कन्द तथा विनायक गणेश ने बाल्यावस्था में पान किया, जिनसे सतत् क्षीरधारा अमृत-सरिता के समान अविरल प्रवाहित होती है, वे सदा हमारे समस्त संतापों और खेदों का निवारण करें। वे केवल मातृ-वात्सल्य के पोषक अंग ही नहीं, अपितु करुणा, पालन और दिव्य-अनुग्रह की मूर्त अभिव्यक्ति हैं। बाल-लीला का एक अत्यन्त मनोहर प्रसंग स्मरणीय है—जब क्षीरपान करते समय गणेशजी ने उन स्तनों की पूर्णता और गोलाई को देखकर क्षणमात्र के लिए विस्मय-विमुग्ध हो अपने ही कुंभ-प्राय मस्तक भागों से उनकी समानता का संशय कर लिया। शंका से आकुल हृदय होकर उन्होंने तत्काल अपने शिरोभाग को स्पर्श कर मानो यह परखना चाहा कि वे जिसको धारण किए हैं, वह मातृ-अंग है अथवा उनका स्वकीय शिर। यह बालसुलभ चेष्टा अत्यन्त हास्यजनक एवं हृदय-हारी थी। सामान्यतः शिशु मातृ-स्तनों को करों में धारण कर क्षीरपान करता है; परन्तु यहाँ गणनायक ने अनजाने में अपने ही मस्तक को स्पर्श कर लिया। उस निष्कपट, निरभिमान बाल-प्रयास को देखकर माता के अधरों पर सहज वात्सल्य-हास्य की रेखा खिल उठी।

अमू ते वक्षोजावमृतरसमाणिक्यकुतुपौ
न सन्देहस्पन्दो नगपतिपताके मनसि नः।
पिबन्तौ तौ यस्मादविदितवधूसङ्गरसिकौ
कुमारावद्यापि द्विरदवदनक्रौञ्चदलनौ ॥७३॥

पदच्छेदः- अमू ते वक्षोजावमृतरसमाणिक्यकुतुपौ न सन्देहस्पन्दो नगपतिपताके मनसि नः।

पिबन्तौ तौ यस्मादविदितवधूसङ्गरसिकौ कुमारावद्यापि द्विरदवदनक्रौञ्चदलनौ ॥७३॥

अन्वयः- नगपतिपताके ते अमू वक्षोजावमृतरसमाणिक्यकुतुपौ नः मनसि न सन्देहस्पन्दो यस्मात् तौ द्विरदवदनक्रौञ्चदलनौ पिबन्तौ कुमारावद्यापि अविदितवधूसङ्गरसिकौ।

अर्थः- हे नगपतिपताके अमृतरसेन पूर्णं माणिक्यकुम्भसदृशं तव स्तनं वीक्ष्य न हि

अस्माकं मनसि संदेहो जायते यथा नार्यन्तराणाम्। तत्प्रभावादेव गणेशकार्तिकेयौ दुग्धपानानन्तरम् इदानीमपि कुमारौ एव स्तः। न च तौ इदानीमपि स्त्रीरसं न जानीतः।

हे हिमालयकन्ये! तुझे हे दोन स्तन अमृतरसाने भरलेल्या माणकासारखे आहेत. त्यांना पिणारे स्कंद व गणेश आजही वधूसंगाची चव न जाणता बालकासारखेच आहेत.

हे पर्वतराज-ध्वजाभूता, गिरिराजतनये!

तव उभय वक्षःस्थल, अमृत-रस-पूर्ण माणिक्य-निर्मित कलश-द्वय के सदृश, दिव्य माधुर्य और मातृ-वात्सल्य की सजीव प्रतिमा हैं। उनमें न तो क्षय का स्पर्श है, न ही किसी प्रकार की शंका का अवकाश; वे तो शाश्वत पोषण-शक्ति के अक्षय स्रोत हैं। हमारे चित्त में इस विषय में किंचित् भी संशय-स्पन्दन उत्पन्न नहीं होता, क्योंकि उनका स्वरूप लौकिक सीमाओं से परे, दैवी करुणा का प्रत्यक्ष साकार रूप है। जिन्होंने उस अमृतमयी क्षीरधारा का पान किया—वे कुमार स्कन्द तथा गजानन गणेश—आज भी विलक्षण तेज, अपराजेय पराक्रम और अद्भुत वीर्य से युक्त होते हुए ऐसे प्रतीत होते हैं मानो लौकिक विषय-राग से सर्वथा अतीत हों। उनके व्यक्तित्व में बाल्य-निर्मलता, ब्रह्मचर्य-दीप्ति और आत्मसंयम की महिमा एक साथ प्रकाशमान है।

वहत्यम्ब स्तम्बेरमदनुजकुम्भप्रकृतिभिः
समारब्धां मुक्तामणिभिरमलां हारलतिकाम्।
कुचाभोगो बिम्बाधररुचिभिरन्तः शबलितां
प्रतापव्यामिश्रां पुरदमयितुः कीर्तिमिव ते ॥७४॥

पदच्छेदः- वहत्यम्ब स्तम्बेरमदनुजकुम्भप्रकृतिभिः समारब्धां मुक्तामणिभिरमलां हारलतिकाम्। कुचाभोगो बिम्बाधररुचिभिरन्तः शबलितां प्रतापव्यामिश्रां पुरदमयितुः कीर्तिमिव ते ॥७४॥

अन्वयः- अम्ब स्तम्बेरमदनुजकुम्भप्रकृतिभिः समारब्धां मुक्तामणिभिरमलां हारलतिकां बिम्बाधररुचिभिरन्तः शबलितां प्रतापव्यामिश्रां ते पुरदमयितुः कीर्तिमिव वहति।

अर्थः- हे मातः तव हृदयभागे (कुचभागे) गजासुरमस्तकात् निर्मितमुक्तामणिमाला दृश्यते। तत्र च ओष्ठयोः रक्तिमायाः बिम्बं दृश्यते सः हारः शिवप्रतापमिश्रितकीर्तियुक्तः इति प्रतीयते।

हे मातातुझ्या कुचांवर शोभणारी मोत्यांची हारलता ! ऐरावतासारख्या उन्नत स्तनांच्या स्वरूपाशी जुळणारी आहे. ती जणू शिवाच्या पराक्रमाने उजळलेली कीर्तीच वाटते.

हे जगद्धात्रि, गिरिराजतनये!

तव गजकुम्भ-सदृश स्वाभाविक-पूर्णता से मण्डित उभय स्तन, मातृ-वात्सल्य और पालन-शक्ति के अक्षय स्रोत हैं। उनकी गोलाई से प्रसूत जो मुक्तामणि-निर्मिता निर्मल हार-लता तुम्हारे वक्षस्थल पर विराजमान है, वह केवल भूषण मात्र नहीं, अपितु शुद्धता, शीतलता और अमृतत्व की द्योतिका है।

जगद्धात्री-ध्यान में भी मुक्ताहार का विशिष्ट उल्लेख प्राप्त होता है—

"मुक्ताहारलसद्ग्रीवां रक्तवस्त्रपरिच्छदाम्।
बालार्कसदृशीं देवीं ध्यायेद् जगद्धात्रिमम्बिकाम्॥"

अर्थात्, जिनकी ग्रीवा मुक्तामालाओं से शोभायमान है, जो रक्तवस्त्रधारिणी हैं और बालार्क के समान प्रभामयी हैं—ऐसी अम्बिका जगद्धात्री का ध्यान करना चाहिए।

यहाँ मुक्ताहार केवल अलंकार नहीं है; वह 'मुक्ति' का प्रतीक है। उपनिषद्-दृष्टि से 'मुक्ता' बन्धन-शून्य चैतन्य की बिम्ब-रूप अभिव्यक्ति है। जैसे सीपी में दीर्घकालीन साधना से मोती का उद्भव होता है, वैसे ही साधक के अन्तःकरण में तप और भक्ति से ज्ञान-मुक्ता प्रकट होती है। देवी के कण्ठ और वक्ष पर स्थित वह मुक्ताहार इस तथ्य का सूचक है कि समस्त मोक्ष-मार्ग उनकी करुणा से ही प्रकाशित होता है। तुम्हारे बिम्बफल-सदृश अरुण अधरों की आभा से वह श्वेत मुक्तामाला भीतर से रंजित-सी प्रतीत होती है—मानो शुद्ध ज्ञान में करुणा और शक्ति का संचार हो गया हो। श्वेत और अरुण का यह संगम ज्ञान और क्रिया, शान्ति और शक्ति, ब्रह्म और माया—इन द्वैत-तत्त्वों के अद्वैत-सामंजस्य का दार्शनिक बोध कराता है। ऐसा अनुभव होता है मानो पुरदमन शिव की कीर्ति, उनके प्रताप से दीप्त होकर, मुक्तामालारूप से तुम्हारे वक्षस्थल पर अधिष्ठित हो। वस्तुतः शिव की कीर्ति और शक्ति का आधार भी तुम ही हो; अतः वह कीर्ति तुम्हारे हृदय-प्रदेश में ही शोभा पाती है।

तव स्तन्यं मन्ये धरणिधरकन्ये हृदयतः
पयः पारावारः परिवहतिसारस्वतमिव।
दयावत्या दत्तं द्रविडशिशुरास्वाद्य तव यत्
कवीनां प्रौढानामजनि कमनीयः कवयिता ॥७५॥

पदच्छेदः- तव स्तन्यं मन्ये धरणिधरकन्ये हृदयतः पयः पारावारः परिवहतिसारस्वतमिव। दयावत्या दत्तं द्रविडशिशुरास्वाद्य तव यत् कवीनां प्रौढानामजनि कमनीयः कवयिता ॥७५॥

अन्वयः- धरणिधरकन्ये तव स्तन्यं हृदयतः पयः पारावारः परिवहतिसारस्वतमिव मन्ये तव यत् दयावत्या दत्तं द्रविडशिशुरास्वाद्यकवीनां प्रौढानां कमनीयः कवयिता अजनि।

अर्थः-- हे धरणीधरकन्ये तव स्तनेषु प्रावहमानं क्षीरं सारस्वतं ज्ञानराशिःएव। दयावत्याः त्वत्सकाशात् क्षीरं पीत्वा द्रविणशिशुः प्रौढकवितुल्यं कमनीयकविताः अरचयत्।

हे गिरिजेतुझे दूध ! जणू ज्ञानरूपी महासागरातून वाहणारे सरस्वतीसारखे आहे. त्या दुधाचा आस्वाद घेतल्यामुळे द्रविड बालकाला (शंकराचार्यांना) उत्कृष्ट काव्यप्रतिभा प्राप्त झाली

हे पर्वतनन्दिनि, जगज्जननि! मैं यह दृढ़तया मानता हूँ कि तव स्तन्य केवल देहधर्मजन्य क्षीर नहीं, अपितु हृदय-सरोज से उमड़ता हुआ ज्ञान-सरस्वती का अपरिमेय महासागर है। वह करुणा, प्रज्ञा और दिव्य-वाक्शक्ति का सघन सार है, जो साधक के अन्तःकरण में प्रवेश कर उसे आलोकित कर देता है। दयामयी मातः! जब तूने उस अमृतमय स्तन्य को द्रविड़-शिशु, अद्वितीय वेदान्ताचार्य आदि शंकराचार्य को प्रदान किया, तब वह केवल शारीरिक पोषण न था; वह ब्रह्मविद्या का प्रत्यक्ष दीक्षा-संस्कार था। उसी दिव्य रस के आस्वादन से उनके अन्तःकरण में अद्वैत-ब्रह्म का निष्कलुष बोध उदित हुआ, और उनकी वाणी से उपनिषद्-तत्त्व की गूढ़तम व्याख्याएँ निर्झरिणी के समान प्रवाहित होने लगीं। यह स्तन्य वस्तुतः वाग्देवी-तत्त्व की अभिव्यक्ति है—ऐसा ज्ञानामृत, जो कवित्व, तर्कशक्ति और आध्यात्मिक अनुभूति को एक साथ जागृत करता है। इसी के प्रभाव से महाकवियों के हृदय में अद्भुत एवं मनोहर काव्य-प्रज्ञा का उदय होता है; उनकी वाणी में लय, माधुर्य और तत्त्वगामिता का समन्वय दिखाई देता है।

हरक्रोधज्वालावलिभिरवलीढेन वपुषा
गभीरे ते नाभीसरसि कृतसङ्गो मनसिजः।
समुत्तस्थौ तस्मादचलतनये धूमलतिका
जनस्तां जानीते तव जननि रोमावलतिका ॥७६॥

पदच्छेदः- हरक्रोधज्वालावलिभिरवलीढेन वपुषा गभीरे ते नाभीसरसि कृतसङ्गो मनसिजः।

समुत्तस्थौ तस्मादचलतनये धूमलतिका जनस्तां जानीते तव जननि रोमावलतिका ॥७६॥

अन्वयः- जननि हरक्रोधज्वालावलिभिः रवलीढेन वपुषा गभीरे ते नाभीसरसि कृतसङ्गो मनसिजः तस्मात् अचलतनये तव धूमलतिका रोमावलतिका समुत्तस्थौ जनस्तां जानीते।

अर्थः- हे अचलतनये हरक्रोधात् उत्पन्नज्वालाभिः परिवृतशरीरः कामदेवः गभीरसरोवरतुल्ये तव नाभिदेशे यदा स्वात्मानं निमज्जितवान् तदा लतासदृशीं काञ्चित् धूमरेखां तां सामान्यजनाः नाभेः उपरि विद्यमानां रोमावलिः इति चिन्तयन्तिः।

हे माताशिवाच्या क्रोधाच्या ज्वाळांनी ! तुझे शरीर तप्त झाले, त्या उष्णतेने कामदेव तुझ्या नाभिकमलात आश्रयास गेला. त्यातून धुरासारखी जी रेषा उठली तीच तुझी रोमावली आहे.

हे जननि, गिरिजे! इस पद्य का तात्पर्य अत्यन्त सूक्ष्म और अलंकारपूर्ण है। जब शिव के क्रोधाग्नि से कामदेव दग्ध हुआ, तब उसका स्थूल शरीर भस्म हो गया, परन्तु उसका सूक्ष्म प्रभाव जगत् में बना रहा। कवि इसी संकेत को रूपक के माध्यम से व्यक्त करता है। तुम्हारी गम्भीर नाभि को यहाँ "सरिता" कहा गया है—अर्थात् वह जीवन-स्रोत, सृष्टि-बीज और स्त्री-शक्ति का केन्द्र है। कामदेव ने मानो उसी नाभि-प्रदेश में अपना आसन बनाया, अर्थात् काम-शक्ति अब बाह्य रूप में नहीं, अपितु सृष्टि-चेतना के सूक्ष्म तत्त्व के रूप में स्थित है। जो "धूम-लता" उठती हुई कही गई है, वह वास्तव में तुम्हारी रोमावली (नाभि से ऊपर उठती सूक्ष्म रोम-रेखा) का काव्यमय वर्णन है। कवि उसे धुएँ के समान इसलिए कहता है कि वह मानो दग्ध कामदेव के अवशिष्ट प्रभाव का प्रतीक हो—सूक्ष्म, ललित और ऊपर की ओर गतिमान। अतः इसका अभिप्राय यह है कि कामदेव, जो शिव के क्रोध से दग्ध हुआ, वह देवी-शक्ति में सूक्ष्म रूप से स्थित होकर पुनः सृष्टि-क्रम का अंग बन गया। नाभि-

सरोवर से उठती रोमावली-रेखा उसी सूक्ष्म काम-तत्त्व की काव्यमय अभिव्यक्ति है।

यदेतत्कालिन्दीतनुतरतरङ्गाकृति शिवे
कृशे किञ्चिज्जननि तव यद्भाति सुधियाम्।
विमर्दादन्योन्यं कुचकलशयोरन्तरगतं
तनूभूतं व्योम प्रविशदिव नाभिं कुहरिणीम् ॥७७॥

पदच्छेदः- यदेतत्कालिन्दीतनुतरतरङ्गाकृति शिवे कृशे किञ्चिज्जननि तव यद्भाति सुधियाम्। विमर्दादन्योन्यं कुचकलशयोरन्तरगतं तनूभूतं व्योम प्रविशदिव नाभिं कुहरिणीम् ॥७७॥

अन्वयः- शिवे तव यदेतत्कालिन्दीतनुतरतरङ्गाकृति किञ्चित् कृशे जननि सुधियाम् यद्भाति विमर्दादन्योन्यं कुचकलशयोरन्तरगतं तनूभूतं व्योम नाभिं कुहरिणीम् प्रविशदिव।

अर्थः- हे शिवे हे जननि यमुनायाः कृशतरङ्गाकृतिवत् रोमावलिः तव कृशकटिभागे दृश्यते। तस्याश्च कुचकलशाभ्यां परस्परविमर्दनात् आकाशः तव नाभिः मण्डले सर्पिलाकारेण लीयते इति बुधजनदर्शनम्।

हे शिवेतुझ्या दोन स्तनांमधील जी बारीक रेषा ! ती जणू यमुनेच्या लहान तरंगासारखी दिसते आणि आकाश जणू नाभीगुहेत शिरत आहे असे भासते.

हे शिवे, गिरिजे! इस पद्य का अभिप्राय अत्यन्त काव्यमय और दार्शनिक है। कवि तुम्हारी कृश, किंचित् अवनत नाभि की उपमा यमुना की सूक्ष्म तरंगों से देता है—अर्थात् वह अत्यन्त कोमल, ललित और स्वाभाविक वक्रता से युक्त है। यहाँ "तरंग" शब्द से नाभि-प्रदेश की मृदु रेखा और उसकी सजीव सौन्दर्य-लहर का बोध कराया गया है।

दोनों स्तन-कलशों के मध्य स्थित आकाश के "परस्पर घर्षण से सूक्ष्म होकर नाभि-गुहा में प्रवेश" करने का जो रूपक है, वह अत्यन्त सूक्ष्म कल्पना है। उसका आशय यह है कि वक्षस्थल की पूर्णता और उन्नति के कारण मध्य-प्रदेश अत्यन्त सुकुमार और संकुचित प्रतीत होता है, मानो विस्तृत आकाश स्वयं सिमटकर नाभि की गहराई में अवतीर्ण हो गया हो। यह वर्णन शारीरिक न होकर सौन्दर्य-रचना की सममिति को व्यक्त करता है। ऊर्ध्वभाग की पूर्णता और मध्यभाग की कृशता—इन दोनों के संतुलन से जो अनुपात बनता है, वही नाभि की गहनता को और अधिक उभार देता है। दार्शनिक दृष्टि से नाभि सृष्टि-केन्द्र का

प्रतीक मानी जाती है। योगशास्त्र में यही क्षेत्र प्राण-शक्ति और जीवन-संवहन का महत्त्वपूर्ण आधार है। अतः यहाँ नाभि की गम्भीरता केवल रूप-सौष्ठव का संकेत नहीं, अपितु शक्ति-केन्द्र की सूक्ष्मता और अन्तर्मुखता का भी प्रतीक है।

स्थिरो गङ्गावर्तः स्तनमुकुलरोमावलिलता
कलावालं कुण्डं कुसमशरतेजोहुतभुजः।
रतेर्लीलागारं किमपि तव नाभिर्गिरिसुते
बिलद्वारं सिद्धेर्गिरिशनयनानां विजयते ॥७८॥

पदच्छेदः- स्थिरो गङ्गावर्तः स्तनमुकुलरोमावलिलता कलावालं कुण्डं कुसमशरतेजोहुतभुजः। रतेर्लीलागारं किमपि तव नाभिर्गिरिसुते बिलद्वारं सिद्धेर्गिरिशनयनानां विजयते ॥७८॥

अन्वयः- गिरिसुते स्तनमुकुलरोमावलिलता कलावालं कुण्डं कुसमशरतेजोहुतभुजः स्थिरो गङ्गावर्तः रतेर्लीलागारं बिलद्वारं तव किमपि सिद्धेर्गिरिशनयनानां विजयते।

अर्थः- हे गिरिसुते तव नाभिदेशम् उपमातुं उपमानं प्रस्तूयते। गङ्गायाः स्थिरा उर्मिस्तत्। स्तनरूपपुष्पं धर्तुं रोमावलीरूपायाः लतायाः जन्मस्थानं हि तत्। कामदेवस्य तेजोधारकाग्निकुण्डं रतिक्रीडास्थलं च। साक्षात् शिवस्य नयनयोः सिद्धिप्राप्तिस्थलं नाभिस्थलं च तत् जयेत्।

हे गिरिसुते! तुझी नाभी गंगावर्तासारखी स्थिर आहे, कामदेवाच्या बाणांची होमकुंड आहे, रतीची क्रीडास्थळी आहे आणि शिवाच्या नेत्रांसाठी सिद्धीचे द्वार आहे.

हे पर्वतराज-कन्या! आपकी नाभि स्थिर गंगा के भँवर के समान गंभीर और आकर्षक प्रतीत होती है। वह स्तन-मुकुलों की रोमावलि-रूपी लता से सुशोभित है। वह मानो कामदेव के पुष्पबाणों के तेज की आहुति देने का यज्ञ-कुण्ड हो। वह रति का क्रीड़ागृह भी है, अर्थात् सौन्दर्य और मधुरता का केन्द्र है। साथ ही, वह गिरिश (शिव) के नेत्रों के लिए सिद्धि-प्रद बिल-द्वार के समान है, जो विजयश्री से विभूषित होकर अपनी महिमा प्रकट करता है।

निसर्गक्षीणस्य स्तनतटभरेण क्लमजुषो
नमन्मूर्तेर्नारीतिलकशनकैस्त्रुट्यत इव।
चिरं ते मध्यस्य त्रुटिततटनीतीरतरुणा
समावस्थास्थेम्नो भवतु कुशलं शैलतनये ॥७९॥

पदच्छेद:- निसर्गक्षीणस्य स्तनतटभरेण क्लमजुषो नमन्मूर्तेर्नारीतिलकशनकैस्त्रुट्यत इव। चिरं ते मध्यस्य त्रुटिततटनीतीरतरुणा समावस्थास्थेम्नो भवतु कुशलं शैलतनये ॥७९॥

अन्वय:- शैलतनये क्लमजुषो स्तनतटभरेण निसर्गक्षीणस्य नमन्मूर्तेर्नारीतिलकशनकैः त्रुटयते इव ते मध्यस्य त्रुटिततटनीतीरतरुणा चिरं समावस्थास्थेम्नः कुशलं भवतु।

अर्थ:- हे शैलतनये तव मध्यभागस्य या समावस्था सा चिरं कुशलिनी स्यात् या च स्वाभाविकरूपेण क्षीणा तथा स्तनतटभारक्लान्तात् नता यदा नाभिदेशे पतति तदा तद्वलयः नदीतटे पत्यमानवृक्ष इव प्रतीयते।

हे पर्वतराजकन्ये! स्तनांच्या भारामुळे वाकलेल्या तुझ्या कृश कटीभागाची सूक्ष्म नाजूक रेषा दीर्घकाळ निरोगी राहो.

हे शैलतनये! आपके दिव्य रूप-सौन्दर्य का यह अत्यन्त कोमल और सूक्ष्म चित्रण है। स्तनों के स्वाभाविक भार से आपकी देह का मध्यभाग स्वभावतः क्षीण और कुछ अवनत-सा प्रतीत होता है। ऐसा लगता है मानो वह मध्यम रेखा स्तन-भार की मृदु दबाव-रेखा को धारण करते हुए विनम्रता से झुक गई हो। उस मध्यदेश की कोमलता और सूक्ष्मता इतनी अधिक है कि वह नारी-तिलक के अत्यन्त मृदुल स्पर्श से भी धीरे-धीरे विदीर्ण हो जाने वाली-सी प्रतीत होती है। यहाँ कवि ने अतिशयोक्ति और उत्प्रेक्षा के माध्यम से उस भाग की कोमलता, लावण्य और नाजुकता का संकेत किया है। आपकी उस मध्यरेखा के दोनों पार्श्वों में स्थित उन्नत, यौवनपूर्ण तथा तरल सौन्दर्य-प्रवाह के साथ वह सूक्ष्म रेखा अद्भुत संतुलन बनाए हुए है। एक ओर स्तन-भार की उन्नति, दूसरी ओर मध्यदेश की क्षीणता—इन दोनों के मध्य जो सामंजस्य और सौन्दर्य-संतुलन विद्यमान है, वही आपके रूप की विशिष्टता को प्रकट करता है। कवि की मंगलकामना है कि यह संतुलन, यह साम्य तथा यह सौन्दर्य-व्यवस्था दीर्घकाल तक अक्षुण्ण बनी रहे; आपकी वह कोमल मध्यरेखा सदैव स्थिर, सुडौल और समन्वित रूप में शोभायमान रहे।

कुचौ सद्यः स्विद्यत्तटघटितकूर्पासभिदुरौ
कर्षन्तौ दोर्मूले कनकलशाभौ कलयतः।
तव त्रातुं भङ्गादलमिति वलग्नं तनुभुवा
त्रिधा नद्धं देवि त्रिवलिलवलीवल्लिभिरिव ॥८०॥

पदच्छेदः- कुचौ सद्यः स्विद्यत्तटघटितकूर्पासभिदुरौ कर्षन्तौ दोर्मूले कनकलशाभौ कलयतः।

तव त्रातुं भङ्गादलमिति वलग्नं तनुभुवा त्रिधा नद्धं देवि त्रिवलिलवलीवल्लिभिरिव ॥८०॥

अन्वयः- देवि तव कुचौ सद्यः स्विद्यत्तटघटितकूर्पासभिदुरौ दोर्मूले कर्षन्तौ कलयतः तव वलग्नं तनुभुवा भङ्गादलमिति त्रातुं त्रिवलिलवलीवल्लिभिरिव त्रिधा नद्धम्।

अर्थः- हे देवि दोर्मूलानां परस्परसंघातात् स्वेदस्रवणात् कूर्पासः भग्नः प्रतीयते। हृदयभागस्य स्थूलत्वात् कटिभागस्य च कृशत्वात्तव सुवर्णकलशाभ्यां युक्तं स्तनं निपतति इति भाति। कटिभागश्च कामदेवस्य लवलिवल्ल्या बद्धः इति भाति।

हे देवीतुझे दोन्ही स्तन ! सोनेरी कलशांसारखे भासतात आणि तुझ्या कृश कटीवर तीन वळया (त्रिवली) कामदेवाने बांधलेल्या दोरीप्रमाणे त्यांना सांभाळून ठेवतात.

हे देवीस्वेद से भीगे हुए स्तन-तटों से जुड़ी हुई ! स्वर्णकलशसी शोभा धारण करने वाली - भुजाओं के मूल को खींचती हुईतुम्हारे स्तन, मानो टूट न जाएँइस भय से—तनुभुवा (कामदेव) ने तुम्हारी देह कोतीन- तीन वलियों से बाँध दिया हो—जो तुम्हारी त्रिवलि-लता के रूप में शोभित होती हैं।

गुरुत्वं विस्तारं क्षितिधरपतिः पार्वति निजा-
न्नितम्बादाच्छिद्य त्वयि हरणरूपेन निदधे।
अतस्ते विस्तीर्णो गुरुरयमशेषां वसुमतीं
नितम्बप्राग्भारः स्थगयति लघुत्वं नयति च ॥८१॥

पदच्छेदः- गुरुत्वं विस्तारं क्षितिधरपतिः पार्वति निजा-न्नितम्बादाच्छिद्य त्वयि हरणरूपेन निदधे। अतस्ते विस्तीर्णो गुरुरयमशेषां वसुमतीं नितम्बप्राग्भारः स्थगयति लघुत्वं

नयति च ॥८१॥

अन्वयः:- पार्वति गुरुत्वं विस्तारं क्षितिधरपतिः निजान्नितम्बादाच्छिद्य त्वयि हरणरूपेन निदधे अतस्ते गुरुरयमशेषां वसुमतीं विस्तीर्णो नितम्बप्राग्भारः स्थगयति लघुत्वं नयति च।

अर्थः:- हे पार्वति पर्वतराजेन स्वनितम्बमेव भारयुक्तं तुभ्यं दत्तम्। अत एव तव नितम्बं गुरु विस्तीर्णं च। तस्मात् तद्द्वारेण वा पृथिव्याः गतिः स्थगिता। सा पृथ्वी अपि लघ्वी प्रतीयते।

हे पार्वती! हिमालयाने स्वतःची सारी गुरुत्वशक्ती तुझ्या नितंबांमध्ये स्थापन केली आहे. म्हणूनच तुझ्या नितंबांचा भार संपूर्ण पृथ्वीला झाकून टाकणारा आणि हलक्यापणाला नष्ट करणारा आहे.

हे पार्वतिपर्वतराज (हिमालय) ने अपनी ही ! गुरुता और विस्तार को तुम्हारे नितम्ब से काटकर हरण के रूप में तुममें स्थापित कर दिया। इसी कारण तुम्हारे नितम्बों का यह विशाल और भारी भार सम्पूर्ण पृथ्वी की लघुता को ढक देता है और उसे तुच्छ सा प्रतीत कराता है।

करीन्द्राणां शुण्डान्कनकदलीकाण्डपटलीम्
उभाभ्यामुरुभ्याम् उभयमपि निर्जित्य भवति।
स्तुवत्ताभ्यां पत्युः प्रणतिकठिनाभां गिरिसुते
विधिज्ञे जानुभ्यां विबुधकरिकुम्भद्वयमसि ॥८२॥

पदच्छेदः:- करीन्द्राणां शुण्डान्कनकदलीकाण्डपटलीम् उभाभ्यामुरुभ्याम् उभयमपि निर्जित्य भवति। स्तुवत्ताभ्यां पत्युः प्रणतिकठिनाभां गिरिसुते विधिज्ञे जानुभ्यां विबुधकरिकुम्भद्वयमसि ॥८२॥

अन्वयः:- गिरिसुते करीन्द्राणां शुण्डान्कनकदलीकाण्डपटलीम् उभयमपि उभाभ्यामुरुभ्यां निर्जित्य भवति प्रणतिकठिनाभां पत्युः स्तुवत्ताभ्यां जानुभ्यां विबुधकरिकुम्भद्वयमसि विधिज्ञे।

अर्थः:- हे गिरिसुते त्वया गजानां शुण्डान् सुवर्णनिर्मितकदलीस्तम्भं जित्वा स्वपतिं प्रणम्य तव जघनौ ऊरू च कठिनीकृतौ। तादृशे वृत्तजानुनी बुद्धिमतः करीन्द्रस्य मस्तके विद्यमानं कुम्भमपि पराजयतः।

हे गिरिजेतुझे दोन्ही गुडघे ! सोन्याच्या केळीच्या खोडासारख्या तुझ्या उरूंना जोडलेले

आहेत. ते शिवाच्या चरणांना वंदन करणाऱ्या देवांच्या गजराजांच्या कपाळासारखे भासतात.

हे गिरिसुतेतुम्हारी दोनों जंघाएँ ! स्वर्णकदली के तनों के समान- हाथियों की सूँडों की पंक्तियों को भी दोनों ही प्रकार से (सौंदर्य और सामर्थ्य में) पराजित कर देती हैं। पति (शिव) —को प्रणाम करते समय जिनकी दृढ़ शोभा प्रकट होती है वे तुम्हारे जानु ऐसे हैं मानो देवताओं के हाथियों के दो कुंभ ही हों।

पराजेतुं रुद्रं द्विगुणशरगर्भो गिरिसुते
निषङ्गौ जङ्घे ते विषमविशिखो बाढमकृत।
यदग्रे दृश्यन्ते दशशरफलाः पादयुगली-
नखाग्रच्छद्मानः सुरमकुटशाणैकनिशिताः ॥८३॥

पदच्छेदः- पराजेतुं रुद्रं द्विगुणशरगर्भो गिरिसुते निषङ्गौ जङ्घे ते विषमविशिखो बाढमकृत।

यदग्रे दृश्यन्ते दशशरफलाः पादयुगली- नखाग्रच्छद्मानः सुरमकुटशाणैकनिशिताः ॥८३॥

अन्वयः- गिरिसुते द्विगुणशरगर्भो रुद्रं पराजेतुं निषङ्गौ ते जङ्घे विषमविशिखो बाढमकृत यदग्रे पादयुगलीनखाग्रच्छद्मानः सुरमकुटशाणैकनिशिताः दृश्यन्ते।

अर्थः- हे गिरिसुते स्वपञ्चपुष्पयुक्तपञ्चबाणैः रुद्रं पराजेतुं असमर्थेन कामदेवेन तव नखफलेन युक्ताः दशाङ्गुलयः सहायकरूपेण अयाच्यन्त। बाणसदृशा सर्वे एते नखाः देवानां शिरोरत्नैः तीक्ष्णतां गताः।

हे गिरिसुतेरुद्राला जिंकण्यासाठी ! कामदेवाने तुझ्या जंघांनाच आपले दोन धनुष्य बनवले.

तुझ्या पायांच्या नखांच्या टोकांवर देवांच्या मुकुटांवर घासलेले दहा बाण चमकत आहेत.

हे गिरिसुतेरुद्र को भी पराजित करने के लिए ! दुगुने बाणों से युक्त कामदेव ने तुम्हारी दोनों जंघाओं को अत्यंत तीक्ष्ण बाणों से सुसज्जित कर दिया है। क्योंकि आगे दिखाई देने वाले तुम्हारे चरणयुगल के- नखों के अग्रभाग— देवताओं के मुकुटों को घिसकर दस बाणों के फल के समान तीक्ष्ण हो गये हैं।

श्रुतीनां मूर्धानो दधति तव यौ शेखरतया
ममाप्येतौ मातः शिरसि दयया धेहि चरणौ।
ययोः पाद्यं पाथः पशुपतिजटाजूटतटिनी
ययोर्लाक्षालक्ष्मीररुणहरोचूडामणिरुचिः ॥८४॥

पदच्छेदः- श्रुतीनां मूर्धानो दधति तव यौ शेखरतया ममाप्येतौ मातः शिरसि दयया धेहि चरणौ।

ययोः पाद्यं पाथः पशुपतिजटाजूटतटिनी ययोर्लाक्षालक्ष्मीररुणहरोचूडामणिरुचिः ॥८४॥

अन्वयः- मातः तव यौ शेखरतया चरणौ मूर्धानो दधति ममाप्येतौ दयया शिरसि धेहि पशुपतिजटाजूटतटिनी ययोः पाद्यं पाथः ययोर्लाक्षालक्ष्मीररुणहरोचूडामणिरुचिः।

अर्थः- हे मातः तव इमे चरणे श्रुतिशिखरोपरि स्थापिते अस्माकम् उपरि स्थापय। यस्य चरणोदकं शङ्करस्य जटाजूटात् गङ्गेव बहिरागतम्। चरणयोः तालुगतलाक्षाकान्तिः तु हरेः केशेषु धृतारुणमणेः कान्तिसदृशा अस्ति।

हे माताज्यांचे चरण ! वेद आपल्या मस्तकावर धारण करतात, तेच चरण माझ्याही मस्तकी

कृपया धारण कर. ज्यांच्या चरणांवर गंगाजल वाहते आणि ज्यांवर लक्ष्मीचा लाल रंग शोभतो.

हे माता जिन चरणों को वेद !अपने मस्तक पर आभूषण की भाँति धारण करते हैं, उन्हीं दोनों चरणों को मुझ पर भी करुणा करके मेरे सिर पर रखो। जिन चरणों का पाद्यजल - पशुपति की जटाओं सेनिकलने वाली गंगा है, और जिनकी लाक्षाशोभा सूर्य के मुकुट-- मणि की कान्ति के समान अरुण है।

नमोवाकं ब्रूमो नयनरमणीयाय पदयोः
तवास्मै द्वन्द्वाय स्फुटरुचिरसालक्तकवते।
असूयत्यन्तं यदभिहननाय स्पृहयते
पशूनामीशानः प्रमदवनकङ्केलितरवे ॥८५॥

पदच्छेदः- नमोवाकं ब्रूमो नयनरमणीयाय पदयोः तवास्मै द्वन्द्वाय

स्फुटरुचिरसालक्तकवते।

असूयत्यन्तं यदभिहननाय स्पृहयते पशूनामीशानः प्रमदवनकङ्केलितरवे ॥८५॥

अन्वयः:- अस्मै नयनरमणीयाय तव पदयोः द्वन्द्वाय स्फुटरुचिरसालक्तकवते नमोवाकं ब्रूमः असूयत्यन्तं पशूनामीशानः यदभिहननाय प्रमदवनकङ्केलितरवे स्पृहयते।

अर्थः:- नयनरमणीयाभ्यां लाक्षाकान्त्या देदीप्यमानाभ्यां तव चरणाभ्यां नमः। ययोरभिहननस्पृहया पशुपतिस्ते प्रमादवनस्याशोकवृक्षाय असूयति।

हे देवीतुझे दोन्ही चरण ! लाखेच्या लाल रंगाने नटलेले अत्यंत मनोहर आहेत. त्यांना मी नमस्कार करतो, ज्यामुळे पशुपती स्वतः स्वर्गातील कल्पवृक्षाशीही स्पर्धा करतो.

हम उन नेत्रों को आनंद देने वालेस्पष्ट, सुंदर, लाक्षारंजित- तुम्हारे दोनों चरणों को नमस्कार कहते हैं। जिनके सौंदर्य से ईर्ष्या करता हुआ पशुओं का स्वामी (शिव) भी प्रमदा-वन के कंकली वृक्ष को नष्ट करने की इच्छा करने लगता है।

मृषा कृत्वा गोत्रस्खलनमथ वैलक्ष्यनमितं
ललाटे भर्तारं चरणकमले ताडयति ते।
चिरादन्तः शल्यं दहनकृतमुन्मूलितवता
तुलाकोटिक्वाणैः किलिकिलितमीशानरिपुणा ॥८६॥

पदच्छेदः:- मृषा कृत्वा गोत्रस्खलनमथ वैलक्ष्यनमितं ललाटे भर्तारं चरणकमले ताडयति ते।

चिरादन्तः शल्यं दहनकृतमुन्मूलितवता तुलाकोटिक्वाणैः किलिकिलितमीशानरिपुणा ॥८६॥

अन्वयः:- ते अथ वैलक्ष्यनमितंगोत्रस्खलनं मृषा कृत्वा भर्तारं चिरादन्तः शल्यं दहनकृतमुन्मूलितवता तुलाकोटिक्वाणैः किलिकिलितमीशानरिपुणा ललाटे चरणकमले ताडयति।

अर्थः:- तव गोत्रस्य अपमानम् कृत्वा लज्जाभिभूतम् अवनतशिरसं तव भर्त्रा प्राप्तपदाघातं कामदेवं शिवेन अन्तर्दग्धं वीक्ष्य ते नूपुरः हसति।

हे देवीतुझ्या चरणांनी ! शिवाच्या कपाळावर हलकी थाप दिली, ज्यामुळे कामदेवाच्या जळण्याची वेदना त्याच्या मनातून नाहीशी झाली आणि तो आनंदाने हसला.

हे माता! गोत्र-भ्रम के कारण संकोच से झुके हुए अपने स्वामी शिव को तुमने अपने चरणकमलों से ललाट पर स्पर्श कर दिया। बहुत समय से भीतर जले हुए शूल को जैसे उखाड़ फेंकने में निपुण ईशान को, तुम्हारे नूपुरों की टंकार ने मानो हँसते-खिलखिलाते हुए चंचल कर दिया।

हिमानी हन्तव्यं हिमगिरिनिवासैकचतुरौ
निशायां निद्राणं निशि चरमभागे च विशदौ।
वरं लक्ष्मीपात्रं श्रियमतिसृजन्तौ समयिनां
सरोजं त्वत्पादौ जननि जयतश्चित्रमिह किम् ॥८७॥

पदच्छेद:- हिमानी हन्तव्यं हिमगिरिनिवासैकचतुरौ निशायां निद्राणं निशि चरमभागे च विशदौ। वरं लक्ष्मीपात्रं श्रियमतिसृजन्तौ समयिनां सरोजं त्वत्पादौ जननि जयतश्चित्रमिह किम् ॥८७॥

अन्वय:- जननि हिमगिरिनिवासैकचतुरौ हिमानी निशायां निद्राणं निशि चरमभागे च विशदौ हन्तव्यं वरं लक्ष्मीपात्रं श्रियं समयिनाम् अतिसृजन्तौ सरोजं त्वत्पादौ इह चित्रं जयतः इत्यत्र किम्।

अर्थ:-हे जननि तव चरणकमलम् अपि अभिजयति इत्यत्र किमाश्चर्यं यत् कमलं हिमेन लुप्यते किन्तु तव चरणे तत्रापि विहरतः। कमलं रात्रौ निद्राति किन्तु तव चरणे तदापि जागरणं कुरुतः। कमलं च लक्ष्म्या पात्रीकृतं किन्तु पादौ समयाचारोपासकेभ्यः लक्ष्मीमेव एव तनुतः।

हे मातातुझे चरण ! हिमाला नष्ट करणारे, रात्री अंधार दूर करणारे,आणि साधकांना लक्ष्मी देणारे आहेत. असे अद्भुत चरण कसे नसावेत?

हे जननि! हिमालय-शिखरों पर प्रतिष्ठित आपके दोनों चरण दिव्य प्रभा से आलोकित हैं। वे रात्रि के अंतिम प्रहर में जाग्रत रहने वाले साधक की भाँति सदा सचेत, निर्मल और पावन प्रतीत होते हैं। उनमें ऐसी उज्ज्वल शुचिता और प्रबुद्धता निहित है, मानो अन्धकार के अवसान पर उदित होने वाले प्रकाश का ही वे मूर्त रूप हों। आपके वे चरण साधकों के लिए परम लक्ष्मी के पात्र हैं; अर्थात् वे केवल भौतिक ऐश्वर्य ही नहीं, अपितु आध्यात्मिक सिद्धि, शान्ति और परम मंगल के अधिष्ठान हैं। जो भी श्रद्धाभाव से उनकी शरण ग्रहण करता है, वह कल्याण-धारा से आप्लावित हो उठता है। वे चरण अनुग्रह-वृष्टि करते हुए

भक्तों के जीवन को पवित्र और सफल बनाते हैं। कमल के समान कोमल, सुगन्धित और शुचिरूप आपके चरणों की विजय-घोषणा में आश्चर्य कैसा? जैसे कमल सूर्यकिरणों के स्पर्श से विकसित होकर अपनी शोभा प्रकट करता है, वैसे ही आपके चरण दिव्य चेतना के आलोक में सदा प्रफुल्लित और मंगलमय हैं। उनकी महिमा स्वयंसिद्ध है; अतः उनकी जय में कोई विस्मय नहीं, अपितु वह तो स्वाभाविक सत्य का उद्घोष मात्र है।

पदं ते कीर्तीनां प्रपदमपदं देवि विपदां
कथं नीतं सद्भिः कठिनकमठीकर्परतुलाम्।
कथं वा बाहुभ्यामुपयमनकाले पुरभिदा
यदादाय न्यस्तं दृषदि दयमानेन मनसा ॥८८॥

पदच्छेदः- पदं ते कीर्तीनां प्रपदमपदं देवि विपदां कथं नीतं सद्भिः कठिनकमठीकर्परतुलाम्।

कथं वा बाहुभ्यामुपयमनकाले पुरभिदा यदादाय न्यस्तं दृषदि दयमानेन मनसा ॥८८॥

अन्वयः- देवि ते कीर्तीनां प्रपदमपदं पदं विपदां सद्भिः कठिनकमठीकर्परतुलां कथं नीतं यदादाय पुरभिदा दयमानेन मनसा बाहुभ्याम् उपयमनकाले दृषदि कथं वा न्यस्तम्।

अर्थः- हे देवि तव पादौ कीर्तीनां प्रदानस्थलम् विपदां च आपत्। न जाने कथं कोमलौ तौ कवयः कच्छपशिरः इव कठोरं वर्णितवन्तः। विवाहकाले तु भगवान् शङ्करः दयाद्रमनसा हस्तेन उत्थाप्य तौ पादौ पाषाणखण्डे स्थापितवान्।

हे देवीतुझे चरण ! कीर्तीचे अधिष्ठान आणि आपत्तींचे नाशक आहेत. पुरारी शिवाने विवाहकाळी ते प्रेमाने दगडावर ठेवले.

हे देवी! आपके चरण ही यश, कीर्ति और मंगल के परम अधिष्ठान हैं। शाक्त-परम्परा में चरण शरणागति और अनुग्रह के प्रतीक माने गए हैं। *सौन्दर्यलहरी*—जिसे परम्परानुसार आदि शंकराचार्यकृत माना जाता है—में देवी-चरणों की महिमा का बार-बार स्तवन किया गया है। वहाँ यह स्पष्ट भाव व्यक्त है कि जो साधक श्रद्धा और भक्ति से आपके चरणों का आश्रय ग्रहण करता है, वह लौकिक और पारलौकिक दोनों प्रकार की सिद्धियों का अधिकारी बनता है। इस प्रकार आपके चरण केवल अलंकारिक रूप से ही नहीं, दार्शनिक दृष्टि से भी यश और कल्याण के आधार हैं। विपत्तियों के लिए वे आश्रय-रहित पद इसलिए

कहे गए हैं कि जहाँ दिव्य अनुग्रह का प्रकाश विद्यमान हो, वहाँ अनिष्ट और आपदा का स्थायित्व सम्भव नहीं रहता। भक्त की दृष्टि से वे चरण अभय, शरण और स्थैर्य प्रदान करने वाले हैं; परन्तु दुष्प्रभावों के लिए वे स्थान-शून्य हैं। यह आश्रय-अनाश्रय का व्यतिरेक शास्त्रीय काव्यशैली का सुन्दर उदाहरण है।

संसार को समुद्र के रूप में और देवी-चरणों को दृढ़ कच्छप-पीठ के समान कहना भी परम्परित दार्शनिक रूपक है। पुराणों, विशेषतः देवी-सम्बन्धी ग्रन्थों में संसार-सागर से पार होने के लिए देवी-शरण को एकमात्र उपाय कहा गया है। जिस प्रकार कच्छप की दृढ़ पीठ जल में स्थिर आधार प्रदान करती है, उसी प्रकार आपके चरण चंचल और दुस्तर संसार में साधक को अविचल आश्रय देते हैं। अतः सज्जनों ने उन्हें संसार-तरण का साधन माना—यह पूर्णतया शास्त्रसम्मत है। विवाह के समय पुरभिद् शिव द्वारा आपके चरणों को शिला पर प्रतिष्ठित करने का उल्लेख वैदिक "अश्मारोहण" विधि से सम्बद्ध है। गृह्यसूत्रों, विशेषतः आश्वलायन गृह्यसूत्र में, यह विधान मिलता है कि वर वधू के चरण को शिला पर स्थापित कर उसे शिला के समान स्थिर और दृढ़ होने का आशीर्वाद देता है। *सौन्दर्यलहरी* में इसी वैदिक संस्कार का दैवी रूप चित्रित है—जहाँ स्वयं त्रिपुर-विजयी शिव आदरपूर्वक आपके चरण को उठाकर शिला पर स्थापित करते हैं। इससे आपके चरणों की स्थैर्य-शक्ति और गौरव का उद्घोष होता है।

नखैर्नाकस्त्रीणां करकमलसङ्कोचशशिभिः
तरूणां दिव्यानां हसत इव ते चण्डि चरणौ।
फलानि स्वस्थेभ्यः किसलयकराग्रेण ददतां
दरिद्रेभ्यो भद्रां श्रियमनिषमह्नाय ददतौ ॥८९॥

पदच्छेद:- नखैर्नाकस्त्रीणां करकमलसङ्कोचशशिभिः तरूणां दिव्यानां हसत इव ते चण्डि चरणौ। फलानि स्वस्थेभ्यः किसलयकराग्रेण ददतां दरिद्रेभ्यो भद्रां श्रियमनिषमह्नाय ददतौ ॥८९॥

अन्वय:- चण्डि ते चरणौ नखैर्नाकस्त्रीणां करकमलसङ्कोचशशिभिः तरूणां दिव्यानां हसत इव फलानि किसलयकराग्रेण स्वस्थेभ्यः ददतां श्रियमनिषमह्नाय दरिद्रेभ्यो भद्रां ददतौ।

अर्थ:- हे चन्डि तव चरणे स्वनखैः कल्पवृक्षान् परिहासमिव कुरुतः। ये नखाः

देवनाङ्गनानां करकनलान्यपि लोपयितुं दशचन्द्रवत् परिभान्ति। कल्पवृक्षः तु स्वर्गस्थेभ्यः स्वालम्बिभ्यःदेवेभ्यः स्वपल्लवकराग्रेण फलं प्रददाति। किन्तु तव चरणे दरिद्रेभ्यः निरन्तरं साक्षात् सर्वत्रापि फलं दत्तः।

हे चंडिके! तुझे चरण अप्सरांच्या नखांप्रमाणे चमकत दिव्य वृक्षांना हसवतात. ते योग्यांना फळे देतात आणि गरीबांना अखंड संपत्ती देतात.

हे चण्डि देवांगनाओं के हाथों के संकुचित !चन्द्रमासे उजले नख- मानो तुम्हारे चरणों को देखकर मुस्करा रहे हों। तुम्हारे चरण स्वस्थ जनों को कोमल अंकुर जैसे हाथों से फल देते हैं और दरिद्रों को निरन्तर मंगलमयी संपत्ति प्रदान करते हैं।

कदा काले मातः कथय कलितालक्तकरसं
पिबेयं विद्यार्थी तव चरणनिर्णेजनजलम्।
प्रकृत्या मूकानामपि च कविताकारणतया
कदा धत्ते वाणीमुखकमलताम्बूलरसताम् ॥९०॥

पदच्छेदः- कदा काले मातः कथय कलितालक्तकरसं पिबेयं विद्यार्थी तव चरणनिर्णेजनजलम्। प्रकृत्या मूकानामपि च कविताकारणतया कदा धत्ते वाणीमुखकमलताम्बूलरसताम् ॥९ ०॥

अन्वयः- गातः तव विद्यार्थी कलितालक्तकरसं चरणनिर्णेजनजलम् कदा काले पिबेयं च कविताकारणतया प्रकृत्या मूकानामपि वाणीमुखकमलताम्बूलरसताम् कदा धत्ते।

अर्थः- हे मातः सः तादृशः समयः कदा आगच्छति यदा तव चरणयुगलाभ्याम् आगतलाक्षारसस्य पानं करिष्यामि। यत्र च सरस्वत्याः मुखकमलात् आगतं पीतसदृशममृतं जन्मना मूकमपि कवित्वशक्तिम् अवाप्नुयात्।

हे माताकधी मी ! तुझ्या चरणप्रक्षालनाचे जल लाखेसारख्या लाल रंगासहपिऊ शकेन? जे मूकालाही कवी बनवते आणि वाणीला अमृतासारखे मधुर करते.

हे माता! यह विनयपूर्ण प्रार्थना भक्त के अन्तःकरण की उत्कट आकांक्षा को व्यक्त करती है। वह आपसे पूछता है—वह कौन-सा परम शुभ क्षण होगा, जब मैं सच्चे विद्यार्थी के भाव से, पूर्ण विनय और श्रद्धा के साथ, आपके चरणों से प्रवाहित अलक्तक-रंजित चरणामृत का पान कर सकूँ? यहाँ "अलक्तक-रंजित चरणामृत" से अभिप्राय है—आपके चरणों का वह

अनुग्रह, जो सौन्दर्य, करुणा और कृपा से आप्लावित है। चरणामृत का पान करना वस्तुतः आपकी शरणागति स्वीकार कर दिव्य ज्ञान और भक्ति का आस्वादन करना है।

"विद्यार्थी बनकर" कहना भी अत्यन्त अर्थगर्भित है। इसका तात्पर्य केवल लौकिक शिक्षा से नहीं, अपितु आत्मविद्या और ब्रह्मविद्या के अभिलाषी साधक से है। भक्त स्वयं को अज्ञानरूप अन्धकार में स्थित मानकर आपके ज्ञान-प्रकाश की याचना करता है।

आगे वह निवेदन करता है कि जो आपकी कृपा से स्वभावतः मूक भी हों, वे कवित्व-शक्ति से विभूषित हो जाते हैं। यह भाव देवी को वाग्देवी, वाणी की अधिष्ठात्री और ज्ञान-शक्ति के रूप में स्वीकार करता है। आपकी कृपा से वाणी में ऐसा माधुर्य और सामर्थ्य उत्पन्न होता है कि साधारण व्यक्ति भी काव्य-रचना में समर्थ हो जाता है। अतः भक्त की प्रार्थना है कि कब उसकी वाणी भी आपके अनुग्रह से ताम्बूल-रस की मधुरता धारण करेगी—अर्थात् उसमें सरसता, माधुर्य, प्रभाव और काव्य-चातुर्य का संचार होगा।

"मुखकमल" की उपमा यहाँ पवित्रता और कोमलता का द्योतक है, तथा "ताम्बूल-रस" वाणी की लालिमा, मधुरता और आकर्षक प्रभाव का प्रतीक है। इस प्रकार सम्पूर्ण प्रार्थना ज्ञान, वाणी-सामर्थ्य और दिव्य-कृपा की याचना का मार्मिक उदाहरण है।

ददाने दीनेभ्यः श्रियमनिशमाशानुसदृशीम्
अमन्दं सौन्दर्यप्रकरमकरन्दं विकिरति।
तवास्मिन् मन्दारस्तबकसुभगे चारुचरणे
निमज्जन्मज्जीवः करणचरणः षट्चरणताम् ॥९१॥

पदच्छेदः:- ददाने दीनेभ्यः श्रियमनिशमाशानुसदृशीम् अमन्दं सौन्दर्यप्रकरमकरन्दं विकिरति।

तवास्मिन् मन्दारस्तबकसुभगे चारुचरणे निमज्जन्मज्जीवः करणचरणः षट्चरणताम् ॥९१॥

अन्वयः:- ददाने दीनेभ्यः श्रियमनिशमाशानुसदृशीम् अमन्दं सौन्दर्यप्रकरमकरन्दं विकिरति चारुचरणे मन्दारस्तबकसुभगे तवास्मिन् करणचरणः निमज्जन्मज्जीवः षट्चरणताम् (याति)

अर्थः –तव चरणयोः मन्दारपुष्पयुक्तस्तावक इव सौन्दर्यं, मम पञ्चज्ञानेन्द्रियाणि एकम्

अन्तः करणम् इति षट्चरणयुक्तं मकरन्दं विकरति। तव चरणम् च दीनेभ्यः निरन्तरं लक्ष्मीं प्रददाति।

हे मातातुझे सुंदर चरण ! दरिद्री जनांना अखंड लक्ष्मी देतात आणि सौंदर्याचा मध सर्वत्र पसरवतात. त्या मंदरफुलांनी सजलेल्या चरणांवर माझे मन जणू मधमाशीसारखे गुंतले आहे.

आप दीन-दुखियों को निरन्तर दिशाओं के समान असीम ऐश्वर्य प्रदान करती हैं और अपार सौन्दर्य-समूह के मधुर मकरन्द को चारों ओर बिखेरती रहती हैं। आपके उस मनोहर चरण में, जो मन्दार-पुष्पों के गुच्छे के समान शोभायमान है, मेरे जीवनरूप भौंरे के समान इन्द्रिय-समूह डूबकर षट्पद (भौंरा) बन जाते हैं।

पदन्यासक्रीडापरिचयमिवारब्धुमनसः
स्खलन्तस्ते खेलं भवनकलहंसा न जहति।
अतस्तेषां शिक्षा सुभजमणिमञ्जीररणित-
च्छलादाचक्षाणं चरणकमलं चारुचरिते ॥९२॥

पदच्छेदः- पदन्यासक्रीडापरिचयमिवारब्धुमनसः स्खलन्तस्ते खेलं भवनकलहंसा न जहति।

अतस्तेषां शिक्षा सुभजमणिमञ्जीररणित-च्छलादाचक्षाणं चरणकमलं चारुचरिते ॥९२॥

अन्वयः- पदन्यासक्रीडापरिचयमिवारब्धुमनसः स्खलन्तः ते भवनकलहंसा खेलं न जहति, अतः चारुचरिते सुभजमणिमञ्जीररणितच्छलादाचक्षाणं तेषां शिक्षा।

अर्थः – हे चारुचरिते त्वद्भवनस्थराजहंसाः क्रीडाकाले तव पादविन्यास्य परिचयं प्राप्तुं तवैव पादविन्यासं अनुसरन्तः गमनक्रीडाम् अधीयते। न च ते क्रीडाभ्यासं हातुं नेच्छन्ति। किञ्च गमनावसरे तव मणिमाणिक्ययुक्तानां नूपुराणां झेङ्कारः तान् हंसान् चलनक्रीडां शिक्षयति।

हे सुचरित्रे! तुझ्या चरणांच्या चालण्याचा खेळ हंसांनाही मोहवतो. त्यांच्या मधुर मृदंगासारख्या मंजीरांच्या नादातून त्यांना योग्य चाल शिकवतो.

मानो आपके चरणों की क्रीड़ा-गति का अभ्यास आरम्भ करने की इच्छा से, फिसलते हुए भी आपके चरणों की खेल-लीला को भवन-कलहंस नहीं छोड़ते। इसलिए मनोहर

रत्नजटित नूपुरों की झंकार के बहाने वे आपके चरणकमल के सुन्दर चरित्र का उपदेश देती प्रतीत होती हैं।

अराला केशेषु प्रकृतिसरला मन्दहसिते
शिरीषाभा गात्रं दृषदिव कठोरा कुचतटे।
भृशंतन्वी मध्ये पृथुरपिवरारोह विषये
जगत् त्रातुं शंभोर्जयति करुणा काचिदरुणा।। ९३।।

पदच्छेद:- अराला केशेषु प्रकृतिसरला मन्दहसिते शिरीषाभा गात्रं दृषदिव कठोरा कुचतटे। भृशंतन्वी मध्ये पृथुः अपिवरारोह विषये जगत् त्रातुं शंभोः जयति करुणा काचित् अरुणा।। ।।९३।।

अन्वय:- शंभोः जगत् त्रातुं भृशंतन्वी मध्ये अपिवरारोह विषये करुणा काचित् अरुणा जयति। अराला केशेषु प्रकृतिसरला मन्दहसिते शिरीषाभा गात्रं दृषदिव कठोरा कुचतटे

अर्थः - शम्भोः या जगत्रातुं करुणा सा सर्वलोकेपि दरीदृश्यते। भगवत्याः अरुणायाः स्वभाविकतां वहन्तः केशाः कुञ्चिताः सन्ति। स्मितं मुखं गात्रं चित्तं च ते सततं शोभन्ते। कुचयुगलं च स्फाटिकवन्नितरां प्रकाशते। कृशा कोमला कटिभागः भारयुक्तेन नितम्बाभ्यां शोभते।

हे देवीशिवाचे हृदयच तुझे नगर आहे !, म्हणून तुझ्या चरणांची पूजा इंद्रियांना सहज साध्य नाही. पण अनिमा, महिमा इत्यादी सिद्धी तुझ्या द्वाराशी उभ्या राहतात।

हे पुरारि की अन्तरंग शक्ति! आप स्वयं ही उनका पुर (आन्तरिक निवास) हैं, इसलिए चंचल इन्द्रियों के लिए आपके चरणों की सेवा की मर्यादा दुर्लभ है। इसी कारण देवताओं ने, जो शतक्रतु (इन्द्र) के भी मुख हैं, आपके द्वार के समीप स्थित अणिमा आदि सिद्धियों द्वारा अतुल सिद्धि प्राप्त की है।

गतास्ते मञ्चत्वं द्रुहिणहरिरुद्रेश्वरभृतः
शिवः स्वच्छाछायाघटितकपटप्रच्छदपटः।
त्वदीयानां भासां प्रतिफलनरागारुणतया
शरीरी श्रृङ्गारो रस इव दृशां दोग्धिकुतुकम् ।।९४।।

पदच्छेदः- गताः ते मञ्चत्वं द्रुहिणहरिरुद्रेश्वरभृतः शिवः स्वच्छाछायाघटितकपटप्रच्छदपटः।

त्वदीयानां भासां प्रतिफलनरागारुणतया शरीरी श्रृङ्गारो रस इव दृशां दोग्धिकुतुकम् ॥९४॥

अन्वयः- द्रुहिणहरिरुद्रेश्वरभृतः ते मञ्चत्वं गताः स्वच्छाछायाघटितकपटप्रच्छदपटः शिवः त्वदीयानां भासां प्रतिफलनरागारुणतया शरीरी श्रृङ्गारो रस इव दृशां दोग्धिकुतुकम्।

अर्थः – ब्रह्महरिरुद्रेश्वराणां यत् रक्षणस्थानं क्रमशः मूलाधारं स्वाधिष्ठानं मणिपूरं अनाहतचक्रं च तत् भवत्याः पर्यङ्कस्य चत्वारः पादाः अर्थात् एतैः चतुर्भिः निर्मितं तव मञ्चम्। तत्र च यत् मायानिर्मितं प्रसारि राङ्कवं तच्छिवः। त्वदीयं यत् सौन्दर्यं तत् साक्षाच्छृङ्गारसरः एव शरीरी भूत्वा कुतूहलं जनयति।

ब्रह्मा, विष्णू आणि रुद्र तुझ्या तेजाचे प्रतिबिंब अंगावर धारण करून तुझ्या सौंदर्यरसाचा अनुभव घेतात.

ब्रह्मा, विष्णु और रुद्र को धारण करने वाले शिव आपके स्वच्छ प्रभा की छाया से बने कपट-आवरणरूप मंच पर स्थित हो गए हैं। आपकी आभा के प्रतिबिम्ब से उत्पन्न अरुणिमा के कारण शिव का शरीर मानो शृंगार-रस का साकार रूप बनकर नेत्रों को अद्भुत कुतूहल देता है।

कलङ्कः कस्तूरी रजनिकरबिम्बं जलमयं
कलाभिः कर्पूरैः मरकतकरण्डं निबिडितम्।
अतस्त्वद्भोगेन प्रतिदिनमिदं रिक्तकुहरं
विधिर्भूयो भूयो निबिडयति नूनं तव कृते ॥९५॥

पदच्छेदः- कलङ्कः कस्तूरी रजनिकरबिम्बं जलमयं कलाभिः कर्पूरैः मरकतकरण्डं निबिडितम्। अतस्त्वद्भोगेन प्रतिदिनमिदं रिक्तकुहरं विधिर्भूयो भूयो निबिडयति नूनं तव कृते ॥९५॥

अन्वयः- कलङ्कः कस्तूरी रजनिकरबिम्बं जलमयं मरकतकरण्डं कलाभिः कर्पूरैः निबिडितम् अतः त्वदद्भोगेन प्रतिदिनमिदं रिक्तकुहरं नूनं तव कृते विधिर्भूयो भूयो निबिडयति

अर्थः - चन्द्रस्तु मरकतमणिनिर्मितकरण्डः इव तुभ्यं भाति। यतः तस्य कलङ्कः कस्तूरी

इव कृष्णवर्णेन प्रकाशमाणः कलाश्च कपूरेण तुलिताः। तद्द्वयं चूर्णीकृत्य तव आभोगार्थं करण्डे स्थापितं भवति। यच्च प्रतिरात्रं क्षीयते तद्ब्रह्मा च पुनः पूरयति।

चंद्र, कस्तुरी, कापूर, मरकत – हे सर्व तुझ्या सौंदर्याने रिकामे झाले आहेत.म्हणून ब्रह्मदेव रोज त्यात नवे तेज भरत असतो.

चन्द्रमा पर जो कलंक है, वह मानो कस्तूरी हो; उसका बिम्ब जलमय है, कलाओं रूपी कपूर और मरकत-करण्ड से वह सघन रूप से भरा हुआ है। अतः आपके नित्य भोग के कारण वह रिक्त गह्वर विधाता द्वारा बार-बार और अधिक सघन किया जाता है—निश्चय ही आपके लिए।

कलत्रं वैधात्रं कति कति भजन्ते न कवयः
श्रियो देव्याः को वा न भवति पतिः कैरपि धनैः।
महादेवं हित्वा तव सतिसतीनामचरमे
कुचाभ्यामासङ्गः कुरवकतरोरप्यसुलभः॥९६॥

पदच्छेदः- कलत्रं वैधात्रं कति कति भजन्ते न कवयः श्रियो देव्याः को वा न भवति पतिः कैरपि धनैः। महादेवं हित्वा तव सतिसतीनामचरमे कुचाभ्यामासङ्गः कुरवकतरोरप्यसुलभः ॥९६॥

अन्वयः- सतिसतीनामचरमे कलत्रं वैधात्रं कति कति कवयः न भजन्ते कैरपि धनैः श्रियो देव्याः को वा न पतिः भवति महादेवं हित्वा तव कुचाभ्याम् आसङ्गः कुरवकतरोरप्यसुलभः।

अर्थः- विधातुः स्त्रियं सरस्वतीं के के कवयः न भजन्ति। अल्पमपि धनं प्राप्य स्वात्मानं लक्ष्मीपतिं न मन्यन्ते। हे सति हे सतिश्रेष्ठे महादेवं विहाय तव कुचयोः सेवनं तु कुरवकतरोः अपि दुर्लभम्।

हे देवीकिती कवी ! ब्रह्मदेवाची पत्नी सरस्वती आणि लक्ष्मीची स्तुती करतात. पण तुझ्या कुचस्पर्शाचा आनंद महादेवाव्यतिरिक्त कोणालाही मिळत नाही.

विधाता द्वारा रचित पति को कितने ही कवि भजते आए हैं; और धन के कारण लक्ष्मीदेवी के पति कौन नहीं बन जाता? परन्तु हे सती! महादेव को छोड़कर, आपके स्तनों के आलिंगन का सौभाग्य तो कुरवक-वृक्ष को भी सुलभ नहीं है।

गिरामाहुर्देवीं द्रुहिणगृहिणीमागमविदो
हरेः पत्नीं पद्मां हरसहचरीमद्रितनयाम्।
तुरीया कापि त्वं दुरधिगमनिस्सीममहिमा
महामाया विश्वं भ्रमयसि परब्रह्ममहिषि ॥९७॥

पदच्छेदः- गिराम् आहुः देवीं द्रुहिणगृहिणीमागमविदो हरेः पत्नीं पद्मां हरसहचरीमद्रितनयाम्।

तुरीया कापि त्वं दुरधिगमनिस्सीममहिमा महामाया विश्वं भ्रमयसि परब्रह्ममहिषि ॥९७॥

अन्वयः- परब्रह्ममहिषि आगमविदो देवीं द्रुहिणगृहिणीम् हरेः पत्नीं पद्मां हरसहचरीम् अद्रितनयाम् आहुः त्वं कापि तुरीया दुरधिगमनिस्सीममहिमा महामाया विश्वं भ्रमयसि

अर्थः- परब्रह्मर्षिः शात्रज्ञाः देवीं द्रुहिणगृहिणीम् हरेः पत्नीं पद्मां हरसहचरीम् अद्रितनयाम् अवदन् त्वं कापि तुरीया दुरधिगमनिस्सीममहिमा महामाया असि त्वमेव विश्वं भ्रमयसि। नानारूपधरा देवी इत्यभिप्रायः।

तूच सरस्वती, तूच लक्ष्मी, तूच पार्वती. परंतु या सर्वांपलीकडे तू महाशक्ती आहेस जी विश्वाला भ्रमित करते.

आगमों के ज्ञाता आपकी स्तुति सरस्वती के रूप में—ब्रह्मा की पत्नी कहकर करते हैं, विष्णु की पत्नी पद्मा (लक्ष्मी) रूप में, और हर (शिव) की सहचरी, पर्वतराज की पुत्री के रूप में भी कहते हैं। किन्तु आप इन सबसे परे, दुर्गम और असीम महिमा वाली कोई चतुर्थ सत्ता हैं— हे परब्रह्म की महिषी! आप महामाया बनकर समस्त विश्व को भ्रमित करती हैं।

समुद्भूतस्थलस्तनभरमुरश्चारुहसितं
कटाक्षे कंदर्पो कतिचनकदम्बद्युतिवपुः।
हरस्यत्वद्भ्रान्तिः मनसि जनयसिस्म विमला
भवत्या ये भक्ताः परिणतिरमीषामियमुमे॥९८॥

पदच्छेदः- समुद्भूतस्थलस्तनभरमुरः चारुहसितं कटाक्षे कन्दर्पो कतिचनकदम्बद्युतिवपुः। हरस्यत्वद्भ्रान्तिः मनसि जनयसिस्म विमला भवत्या ये भक्ताः परिणतिरमीषामियमुमे॥९८॥

अन्वयः:- समुद्भूतस्थलस्तनभरमुरश्चारुहसितं कटाक्षे कंदर्पो कतिचनकदम्बद्युतिवपुः विमला हरस्य मनसि त्वद्भ्रान्तिः जनयसिस्म।

अर्थः:- हे उमे उद्भूतस्तनभारयुक्तम् ऊरुस्थलम् कदम्बवृक्षसदृशं शरीरम् इद सर्वं स्मरन्तः तव विमलभक्ताः त्वद्रूपतां प्राप्य त्वत्सदृशाः एव प्रतीयन्ते।

तुझे हास्य, कटाक्ष आणि उरोज कामदेवाला सुद्धा मोहात पाडतात. तुझ्या भक्तांना हेच परम फल प्राप्त होते.

आपके उन्नत एवं विस्तृत स्तनों का भार, मनोहर उरस्थल, मधुर हास्य, और कटाक्षों में विद्यमान कामदेव जिनका कदम्ब-पुष्प के समान दीप्तिमान स्वरूप है— ये सब मिलकर हर के मन में भी भ्रम उत्पन्न कर देते हैं। हे विमले! आपके जो भक्त हैं, उनकी यह परिणति (परमावस्था) अवश्य ही होती है।

सरस्वत्या लक्ष्म्या विधिहरिसपत्नो विहरते
रतेः पातिव्रत्यं शिथिलयति रम्येण वपुषा।
चिरं जीवन्नेव क्षपितपशुपाशव्यतिकरः
परानन्दाभिख्यं रसयति रसं त्वद्भजनवान् ॥९९॥

पदच्छेदः:- सरस्वत्या लक्ष्म्या विधिहरिसपत्नो विहरते रतेः पातिव्रत्यं शिथिलयति रम्येण वपुषा। चिरं जीवन्नेव क्षपितपशुपाशव्यतिकरः परानन्दाभिख्यं रसयति रसं त्वद्भजनवान् ॥९९॥

अन्वयः:- विधिहरिसपत्नो सरस्वत्या लक्ष्म्या विहरते रम्येण वपुषा रतेः पातिव्रत्यं शिथिलयति क्षपितपशुपाशव्यतिकरः जीवन्नेव चिरं त्वद्भजनवान् परानन्दाभिख्यं रसं रसयति।

अर्थः:-तव भजनकर्ता मनुष्यः सरस्वत्या लक्ष्म्या च युक्तः हरिब्रह्मणोः सहचरो भूत्वा विहरति, सुन्दरशरीरेण कामदेवस्य पत्न्याः रतेः अपि पातिव्रत्यं भग्नीकरोति , अर्थात् सः विद्वान् धनाड्यः रूपलावण्ययुक्तः च जायते , पश्चाशादिदुःखान् नाशयित्वा चिरकालं परमानन्दरसम् अनुभवन् जीवति।

तुझा भक्त सरस्वती व लक्ष्मीचा सान्निध्य लाभतो, रतीचे पातिव्रत्य शिथिल होते,आणि अखेर तो परमानंदाचा रस अनुभवतो

आप सरस्वती और लक्ष्मी के साथ विहार करने वाले ब्रह्मा और विष्णु के पातिव्रत्य को अपने रमणीय रूप से शिथिल कर देती हैं। जो आपके भक्त बनते हैं, वे दीर्घ जीवन में ही पशुपाश (अज्ञान-बन्धन) के विघ्नों को नष्ट कर परमानन्द नामक रस का आस्वादन करते हैं।

प्रदीपज्वालाभिर्दिवसकर नीराजनविधिः
सुधासूतेश्चन्द्रोपलजललवैरर्घ्यरचना।
स्वकीयैरम्भोभिः सलिलनिधिसौहित्यकरणं
त्वदीयाभिर्वाग्भिः तव जननि वाचां स्तुतिरियम् ॥१००॥

पदच्छेदः- प्रदीपज्वालाभिर्दिवसकर नीराजनविधिः सुधासूतेश्चन्द्रोपलजललवैरर्घ्यरचना स्वकीयैरम्भोभिः सलिलनिधिसौहित्यकरणं त्वदीयाभिर्वाग्भिः तव जननि वाचां स्तुतिरियम् ॥१००॥

अन्वयः- जननि तव वाचाम् इयं स्तुतिः त्वदीयाभिः वाग्भिः प्रदीपज्वालाभिर्दिवसकर नीराजनविधिः सुधासूतेश्चन्द्रोपलजललवैरर्घ्यरचना स्वकीयैरम्भोभिः सलिलनिधिसौहित्यकरणम्।

अर्थः-हे जननि त्वया प्रदत्तया वाक्शक्त्या कृतायाः स्तुत्याः शब्दाः एवं सन्ति यथा दीपज्वलाभिः सूर्यस्य नीराजनम् अथवा चन्द्रकान्तमणेः समागतजलकणात् चन्द्राय अर्घ्यम् अथवा समुद्रस्य सत्कारः तन्निष्ठजलेन इति।

हे माता! सूर्य, चंद्र, समुद्र तुला आपापल्या वस्तूंनी पूजा करतात; मी मात्र शब्दांनीच तुझी आरती करतो.

दीप-ज्वालाओं से सूर्य का नीराजन, चन्द्रमा को चन्द्रकान्त मणि के जलकणों से अर्घ्य, अपने ही जलों से समुद्र का सत्कार— हे जननी! उसी प्रकार आपकी ही वाणी से आपकी यह वाणी-रूप स्तुति की जा रही है।

निधे नित्ये स्मेरे निरवधिगुणे नीतिनिपुणे
निराघाटज्ञाने नियमपरचित्तैकनिलये॥
नियत्या निर्मुक्ते निखिलनिगमान्तस्तुतिपदे
निरातङ्के नित्ये निगमय ममापि स्तुतिमिमाम्॥१०१॥

पदच्छेदः- निधे नित्ये स्मेरे निरवधिगुणे नीतिनिपुणे निराघाटज्ञाने नियमपरचित्तैकनिलये॥ नियत्या निर्मुक्ते निखिलनिगमान्तस्तुतिपदे निरातङ्के नित्ये निगमय ममापि स्तुतिमिमाम्॥१०१॥

अन्वयः- निरवधिगुणे नीतिनिपुणे निधे नित्ये स्मेरे निराघाटज्ञाने नियमपरचित्तैकनिलये नियत्या निर्मुक्ते निखिलनिगमान्तस्तुतिपदे निरातङ्के नित्ये ममापि इमां स्तुतिं निगमय।

अर्थः- निरवधिगुणे नीतिनिपुणे निधे नित्ये स्मेरे स्मितवदने निरतिशयज्ञानवति नियमपरायणभक्तानां चित्तस्थे अतीते सर्वशास्त्रैः स्तुतियोग्ये ममापि स्तुतिं स्वीकृत्य तव निगनेषु स्थानं मे कृपया कल्पय ॥

हे नित्यनिधी! अनंतगुणयुक्ते, वेदांनी स्तुत झालेल्या देवी, माझी ही स्तुतीही तू स्वीकार।

हे नित्यस्मित निधि! अनन्त गुणों से युक्त, नीति में निपुण, दोषरहित ज्ञान में स्थित, नियमपरायण चित्त की एकमात्र आश्रय! नियति से भी मुक्त, समस्त वेदों के अन्त में स्तुत्य, निरातंक और नित्य! मेरी इस स्तुति को भी स्वीकार कर सिद्ध कीजिए।

समानीतः पद्भ्यां मणिमुकुरतामम्बरमणिः
भयादास्यादन्तःस्तिमितिस्किरणश्रेणिमणयः॥
ददतौ दधातित्वद्वक्त्रप्रतिफलनमस्रान्तविकचं
निरातङ्कं चन्द्रान्निजहृदयपङ्केरुहमिव॥१०२॥

पदच्छेदः- समानीतः पद्भ्यां मणिमुकुरतामम्बरमणिः भयादास्यादन्तःस्तिमितिस्किरणश्रेणिमणयः॥ ददतौ दधातित्वद्वक्त्रप्रतिफलनमस्रान्तविकचं निरातङ्कं चन्द्रान्निजहृदयपङ्केरुहमिव॥१०२॥

अन्वयः- मणिमुकुरतामम्बरमणिः पद्भ्यां समानीतः भयात्आस्यादन्तःस्तिमितिस्किरणश्रेणिमणयः त्वद्वक्त्रप्रतिफलनम् अस्रान्तविकचं निरातङ्कं चन्द्रान्निजहृदयपङ्केरुहमिव दधाति ॥

अर्थः- अम्बरमणिः अर्थात् सूर्यः तवचरणयोः पार्श्वे अस्तीत्यतः सः दर्पणीकृतो भवति। तव भयात्सः स्वकिरणानि अन्तःस्थापयति। अत एव सः स्वच्छः। तव मुखस्य प्रतिबिम्बं तस्य हृदयं इव वकसितम्। तन्न चन्द्रमसः बभेति। यतः कमलं सूर्यं दृष्टा एव बिभेति न चन्द्रं दृष्ट्वा।

तुझे चरण आकाशमणीलाही आरशासारखे करतात. चंद्रही तुझ्या मुखाचे प्रतिबिंब आपल्या हृदयकमलात धारण करतो.

आकाशरूपी मणि को चरणों तक लाकर चन्द्रमा भय से अपने मुख में किरणों की पंक्तियों को समेटे हुए, आपके मुख के प्रतिबिम्ब को निरन्तर धारण करता हुआ, निर्भय होकर अपने हृदय-कमल में मानो चन्द्रत्व को ही धारण कर लेता है।

Resources

1. Subramanian, V. K. (1977). *Saundaryalahari of Sankaracharya.* Motilal Banarsidass.
2. Shankaracharya, A. (2013). *Soundarya Lahari.* Lakshmi Narayan Trust. https://lakshminarayanlenasia.com/articles/SoundaryaLahari.pdf
3. Chitgopekar, N. (2023). The power of divine beauty: A study of the *Saundarya Lahari. Current Research Journal of Social Sciences and Humanities*, 6(1), 132–140. https://journalofsocialsciences.org/pdf/vol6no1/CRJSSH_Vol06_No1_p_132-140.pdf
4. Bhandari, S. R. (2022). Adi Shankara's *Saundarya Lahari*: A quest of spirituality in devotion and physical body. *English Language Teaching Perspectives.* https://nepjol.info/index.php/eltp/article/view/47402
5. Subedi, O. P. (2023). *Metaphors of cultural revitalization in Adi Shankaracharya's Saundaryalahari.* Tribhuvan University. https://elibrary.tucl.edu.np/bitstreams/5cd6a1cd-aa53-4f60-9262-bf756095cffd/download
6. Kachroo, M. (2005). *The goddess and her powers: The Tantric identities of the Saundarya Lahari* (Master's thesis). McGill University. https://escholarship.mcgill.ca/concern/theses/m326m2257
7. Visvanathan, S. (2023). Solomon's Song of Songs and Adi Shankara's *Soundarya Lahari*: A comparison. In *Soul, Body, and Gender in Late Antiquity.* Taylor & Francis.

8. Raghavan, V. (1978). A survey of Sanskrit literature. *Indian Literature*, 21(2). https://www.jstor.org/stable/23330100

9. **Menon, Y. K. (2004).** *The Mind of Adi Shankaracharya.* Munshiram Manoharlal Publishers.

10. **Chattopadhyaya, S. K. (2000).** *The Philosophy of Sankar's Advaita Vedanta.* University of Calcutta Press.

11. **Varma, P. K. (2024).** *Adi Shankaracharya: Hinduism's Greatest Thinker.* Westland Publications.

12. **Subramanian, V. K. (1977).** *Saundaryalahari of Sankaracharya.* Motilal Banarsidass.

13. **Rukmani, T. S. (1994).** *Shankaracharya.* Publications Division, Government of India.

14. **Tigunait, R. (1997).** *The Concept of Shakti in Lakshmidhara's Commentary on the Saundaryalahari.* ProQuest Dissertations Publishing.

15. **Das, S. (2021).** *The Glorious Life and Teachings of Adi Shankaracharya.* Lakshmi Narayan Trust.

16. **Kachroo, M. (2005).** *The Goddess and Her Powers: The Tantric Identities of the Saundarya Lahari.* McGill University Press.

17. **Subramanian, V. K. (2006).** *Sivanandalahari of Sankaracharya.* Motilal Banarsidass.

18. **Vidyaranya, M. (2020).** *Sankara Digvijaya.* Motilal Banarsidass.